JN253491

神戸っ子の応接間

川瀬喜代子と神戸にしむら珈琲店

プロローグ

神戸市中央区中山手、三宮の駅から山側に向かって歩くこと約10分。大通りに面した、ドイツの木組み建築をイメージさせる美しいビルがある。にしむら珈琲店の本店だ。威風堂々とした風格さえ感じるそのビルの姿を、カメラに収めようと撮影ポイントを探す観光客も珍しくない。この本店ビルは、一年余りの工事休業期間を経て、平成18年（2006年）5月に完成したものだ。

遡《さかのぼ》ること、戦後間もない昭和23年（1948年）に、この店はまさにこの場所で産声を上げている。創業70年という時の流れの中で、多くの人たちの物語の舞台となってきた。神戸を愛し、コーヒーを愛する人たちの思い出の中に無くてはならない、そんな一軒の喫茶店の歴史を探ねてみよう。

「あなたたちは舞台の上に立っているのと同じやと思わなあかん。お客様は『これがにしむら珈琲店の接客なんだ……』という気持ちであなたたちの仕事を見ておられます。だから、日本一のウエイトレス、ウエイターを、誇りをもって心を込めて、演じるつもりでお店に立ちなさい」

創業者である故・川瀬喜代子《かわせきよこ》さんが、ことあるごとに従業員たちに話していた言葉だ。日本一のウエイトレス、ウエイターを演じるためには、それがどういうものかを知らなければならない。知らずとも考え、自分なりにその像を描かなければならない。

全国に店舗数を誇る飲食チェーンなどでは、どの地方のどの店舗に入っても変わらない接客を売りにするようなところも多い。入社するとすぐに、どの従業員も一貫した接客術を叩き込まれ、マニュアル通りの、ある意味とても無駄のない接客をしている。しかし、にしむら珈琲店には創業以来、店舗数が増えた現在に至るまで、接客マニュアルというものが一度も存在したことがないというのだ。果たして、そこにはどういう意味があるのだろう。

川瀬喜代子さんが、我が子のちいさな手を握り締めて戦後の焼け野原に立ち、「ここで頑張って生きて行こう」と心に誓ったそのときから、この店の物語がはじまる。

もくじ

第2章　家族のように

第3章　広がりゆく信頼の輪

第1章　にしむら珈琲店の開業

上海から神戸へ

にしむら珈琲店の創業者、川瀬喜代子は、大正8年（1919年）2月、京都市中京区に生まれた。実家は明治36年創業の花屋で、古くから池坊に生花を納めるほどの老舗だ。現在も烏丸六角に立派な店舗を構えておられる。

川瀬はこの店に修行に来ていた男性と結婚。夫婦で中国の上海に移り住んだ。夫は上海で化学のりを扱う会社を興《おこ》し、それなりに成功を収めていた。夫婦の間には娘2人を授かったものの、戦争の渦に呑み込まれてそれまでとは状況が一変する。

家族の身を守るため、川瀬自身も懐《ふところ》にピストルを忍ばせて万が一に備えた。そうやって、なんとか家族4人が無事に上海で終戦を迎える。

終戦の翌年、家族は上海を引き上げて日本に帰国する。このとき、彼女のお腹の中には3人目の子供がいた。落ち着いてから先のことを考えようと、ひとまず京都にある川瀬の実家に身を寄せた。

周りの人たちは親切にしてくれたものの、妻の親戚ばかりを頼っていては夫の立場がないだろうと、長男に物心が付いてすぐ、家族は神戸に移ることになる。上海時代の夫の知り合いが神戸に小さな土地を持っており、そこを使ってもよいと言ってくれたのだ。

とくに身寄りがあるわけでもない神戸。三宮駅に降り立った家族５人は、まっすぐに新居となる場所に向かった。

神戸の街は終戦間際に大空襲を受けており、無惨な傷跡があちこちに

上海から引き上げてすぐ、京都の実家に身を寄せていた頃

残っていた。野坂昭如氏原作の『火垂《ほた》るの墓』や、妹尾河童氏原作の『少年H』は映画化もされ、終戦直後の神戸の街の様子が描かれているので、ご覧になった読者ならイメージしやすいかもしれない。

さて、川瀬たち家族の新居である。三宮の駅から山側に向かい、生田神社の前を通って中山手通の北側。焼け残ったビルとビルの間の路地のような、細長い5坪の空き地だ。辛うじて塀と塀の間に屋根代わりの板を渡し、その下に3畳のたたみが敷いてあった。ここで家族5人が暮らしていくのだ。

終戦直後の神戸中山手界隈。神戸モスク（左手前）とカトリック中央協会（右奥）だけは焼け残った。写真右端あたりに川瀬たち家族が暮らした（現在のにしむら珈琲店 中山手本店）と考えられる。【写真提供：神戸新聞社】

明日から何をして子供たちを食べさせよう……。夫は仕事の手がかりを探して神戸や大阪をあちこち歩いたものの、これといった宛ては見つからなかった。たまたま隣の果物屋に要らなくなった戸板が1枚あったので、それをもらい、そこに何かを並べて商売をはじめようと考えた。地べたにゴザを敷き、夫が大阪の卸問屋から仕入れてきた石鹸やマッチを戸板の上に並べ、川瀬と子供たちが店番をしたもののまったく売れない。

戦後で電力供給も不安定な状態だったため、一帯はたびたび停電に見舞われた。店番をしていると、筋向かいの荒物屋でランプが飛ぶように売れているのが目にとまった。

「うちもランプを並べてみましょう！」

川瀬の提案で、夫は有り金をはたいてランプを仕入れてきた。しかし、その日の夜のことだ。店を閉めて子供たちが眠りに就いた後、目隠しの塀代わりに立てかけていた板が強風に煽られて倒れ、売り物のランプがすべて割れてしまったのだ。結局、売れたランプはひとつだけだった。

立ち退きの危機

さて、次は何を売ろうか……。ちゃんとした玄関も鍵もないような住まいだから、皆が出払って家を空けてしまうわけにもいかず、川瀬は子供たちと夫の留守を守りながらあれこれ思いを巡らせた。

京都から神戸にやって来た日の記憶をたどると、三宮の駅から家までの道すがら、お菓子を売る店が1軒も見当たらなかった。もともと川瀬は京都の老舗商家の娘だったので、きれいな和菓子を見て、食べて育ったのだ。

「そうや！　きれいなお菓子を売ってみたらどうでしょう」

現金はランプを仕入れたときにすべて使い果たしていたので、嫁入りのときに親が持たせてくれた大事な着物を売って資金に充て、古道具屋でガラス張りの陳列棚を2つ買った。

夫に頼んでお菓子と小さなおもちゃを仕入れてもらい、それを組み合わせて可愛いリボンをかけ、洒落《しゃれ》たラッピングを施すと思いのほかよく売れた。焼け野原とはいえ、そこはやはり、見た目に美しいものを好む人が多く住む街、神戸だ。

本当にいいものを嘘偽りなく扱えば、この街の人たちはわかってくれると感じた川瀬は、京都の知人を訪ね、いも饅頭や練り切りなどを仕入れて並べるようにした。すると、山手に暮らす人たちの間に噂が広がり、少しずつ客の数も増えていった。

わずかながら商売に手応えを感じ、なんとか生活していけるかもしれないと喜んでいた矢先のこと。土地を貸してくれていた夫の知人が事業に失敗し、川瀬たち家族が暮らす土地も空け渡さなければならないと告げられた。立ち退きまでの期限はたった1週間だ。

夫婦2人だけなら何をしてでも生きていけるけれど、幼い子供3人を抱えて、一体どうすればいいのか。背に腹は替えられず、格好をつけていられる状況でもない。子供と夫を家に残し、川瀬は暗い気持ちで生田筋の坂を下った。

生田神社の前に差しかかると、きれいな晴れ着を着せてもらった子供たちが、母親に手を引かれて嬉しそうに歩いている姿が目に飛び込んできた。色味のまだ少ない戦後すぐの街に、まるで花が咲いたような光景だった。

「そうか。今日は七五三の日や……」考えてみると、我が子もちょうど7歳と5歳と3歳。自分が子供のときには京都の実家で華やかに祝ってもらったのに、私はあの子たちに何もしてやれない。ただただ申し訳ない思いが込み上げて、川瀬は涙を堪《こら》えながら小走りで三宮駅へ急いだ。

決意

京都の親戚に事情を説明しながら頭を下げてまわり、どうにか土地を買い取るお金を工面することができた川瀬は、その日のうちに家族が待つ神戸に戻った。
三宮の駅に降り立つと、既にとっぷりと日が暮れていた。大切なお金の入った袋を抱くようにして、生田筋のゆるやかな坂を駆け上がり、灯りの点いた我が家に飛び込むと、「お金を借りられました。もうどこにも行かなくていいんです。明日からもここで暮らせますよ」と、息を切らしながら夫に告げた。立ち退きの期限はもう翌日に迫っていた。

夫婦で喜び合ったのも束《つか》の間、川瀬はそのまま3人の子供の手を引いて再び坂を駈け下り、生田神社に走った。既に本殿は真っ暗で誰もいない。「どうぞこの子たちの行く末をお守りください」と、何度も何度も頭を下げて帰ろうとすると、社務所にぽつんと灯りが灯っているのが見えた。

「すみません。どなたかいらっしゃいますか!」と、声をかけてみると、中から人が出てきてくれた。その人は辛うじて売れ残っていた2袋の千歳飴《ちとせあめ》の封を切り、入っていた飴をわざわざ3つに分けて子供たちに持たせてくれたのだ。

川瀬は後のち、対談やインタビューなどでこのときのことをよく語っている。

「私はあまり過去を振り返らないたちなんですけど、あのときのことを思い出すと、何年経っても鮮やかに情景が蘇ってきて、胸に込み上げてくるものがあるんです」

神様とこの街に恩返しをするために、死にものぐるいで頑張ろうと、川瀬喜代子が心を固めた瞬間だったのかもしれない。

素人の挑戦

京都で仕入れるお菓子が美味しいと評判になり、持ち帰りだけでなく、お茶と一緒に出して店で食べられるようにしてみてはどうかと、馴染《なじ》みの客から提案があった。

お客様が望まれるのならと、川瀬はすぐにお菓子と一緒に日本茶を出せるようにした。京都の実家には商売の贔屓客《ひいききゃく》が度々訪れ、美しい和菓子と日本茶でもてなしていたのを幼い頃から見てきた川瀬にとって、そうすることは自然なことだったのだろう。

通りすがりの近隣住民だけでなく、客が客を呼び、わざわざ訪ねてくれる客も少しずつ増えはじめた。そんな中で、「日本茶もいいけどコーヒーも出して欲しいわ」という声が聞こえてきた。

昭和23年（１９４８年）。さすがに神戸だ、コーヒーを飲む人がそれなりにいた。しかし、当時の川瀬はコーヒーに関してはまったくの素人で、上海にいた頃にたまに飲んだ程度だった。

神戸はいうまでもなく、横浜や長崎と並び日本屈指の貿易港を有する街だ。異国文化の伝来や普及は早く、コーヒー豆も正式に輸入がはじまった明治初期から売られてはいたが、まだまだ庶民の飲み物ではなかった。

昭和８年（１９３３年）にコーヒーを専門とする個人商店（現在のＵＣＣ上島珈琲）が神戸で創業し、その頃から、神戸にもコーヒーを出すミルクホールと呼ばれる店が流行《はや》りはじめる。三宮神社の境内にはミルクコーヒーを飲ませる露店が何軒も軒を連ねていたらしい。

しかし、終戦直後は豆の輸入が滞ったため、コーヒーの入手が困難な一般市民は、大豆、落花生《らっかせい》、カボチャの種、タンポポの根などを煎って粉にし、お湯に溶かしたものを代用コーヒーとして飲んでいたそうだ。

筆者は試しに、大豆を煎って粉にしたものをペーパーフィルターで漉《こ》して飲んでみたが、ブラックで飲める代物《しろもの》ではなく、砂糖とミルクをかなり加えてみても、それをコーヒーだとは言い難かった。

話を戻そう。コーヒーに関して無知だった川瀬だが、店で出すからにはいい加減なもので妥協できる性格ではない。古道具屋で中古の焙煎機を買ったはいいが、何からはじめればいいのかさえわからなかった。

京都に住む兄に、コーヒー店を開いた友人（イノダコーヒの創業者・猪田七郎《いのだしちろう》氏）がいることを知り、なんとか頼み込んで神戸まで足を運んでもらうことができた。

豆の煎り方など、基本中の基本の部分だけを慌ただしく教えてもらい、あとはすべてを自ら経験し、独学を積んでいくしかなかった。コーヒー豆も自分の足であちこち歩いて買い求め、自ら煎っては味を確かめた。また、美味しいと評判の店には直接訪ねて行き、実際にどういうコーヒーが美味しいのかを探求した。

代用コーヒーで我慢する人たちもいれば、頑《かたくな》に本物を求めるコーヒー通も、神戸では決して少数ではなかった。通が好むといわれる店を訪ねて飲んでみると、真っ黒に煎られた豆から淹《い》れたコーヒーはとても苦く、川瀬にはお世辞にも美味しいと思えなかった。

うちで出すコーヒーは通好みではなく、より多くの人に美味しいと言ってもらえるような、最大公約数的な味にしたい……。川瀬はそう思い、また、そういうオリジナルブレンドをつくろうとした。

心を込めておもてなししよう

すっかり通い慣れた古道具屋で、不揃いなテーブルを3つと椅子を6脚買い求め、お菓子を売る陳列棚の横に並べた。いよいよ珈琲店の看板を掲げる前夜、「果たして、喫茶店とは何をすればいいのだろう」と、川瀬はふと考え込んでしまった。

夫も川瀬自身も喫茶店で働いた経験があるわけではなく、現在でこそ喫茶店経営を学ぶための参考書的な書物がたくさんあるが、当時はそんな気の利いたものはまったくなかった。考えに考えたあげく、「我が家を訪ねて来てくださるいちばん大切なお客様を、心を込めておもてなししよう」という結論に至った。

思い出すのはやはり京都の生家だ。大切な客人を迎えるときに両親は、部屋も玄関もきれいに片付けて、美しい季節の花を生けていた。家の表には打ち水をして、暑いときには涼しく、寒いときには温かくして、心からの笑顔でお迎えした。

お客様に飲み物をお出しするときも、いちばん美味しいものを、いちばん美味しいタイミングで出すのが当然だ。飲み物の準備をしている間、お客様がおひとりで見えた場合には退屈させてはいけない。「よろしかったらご覧になられますか」と、肩の凝らない読み物や美しい写真集などを、さりげなくお勧めするのがいいだろう。お客様がもしも途中で席を立たれたら、お茶が冷めてしまわないよう、埃《ほこり》が入らないよう、必ず蓋《ふた》の付いた湯呑みでお出ししたい。お客様がお帰りになられるときは、「どうぞ、またいらしてくださいね」と、心からお見送りしよう……。

気が付くと、川瀬が幼い頃から生家で見てきた両親の所作のひとつ一つが、明日からの自分たちがすべきひとつ一つだと思えた。

翌朝、喫茶店としてお迎えしたいちばん最初のお客様は、近所に住むお医者さんの奥様だった。川瀬は嬉しくて舞い上がり、注文されたココアを鍋から吹きこぼし、七輪の火を消してしまった。当時は経済力がなかったため、まだガスを引くことができず、七輪の火で調理をしていたのだ。

また一から火を起こし、再びつくり直してお客様にココアを出すまでにずいぶん時間がかかった。しかし、その奥さんは美味しそうにココアを飲み、その後も末永くご贔屓にしてくれた。

借金をして50席の店に

もともと基盤や人脈があるわけではないこの土地で、信頼を得て商売を成功させるためには人様の3倍も4倍も働かなければならないと川瀬は考え、実際に寝る間も惜しんで働いた。

6席だけの商売では家族が今日生きるのが精一杯。子供たちの将来を考えると不安になり、夜中になるまで近所への出前で走り回った。健康な体に生んでくれた親に心から感謝した。

しかし、夫婦の体は過労にも耐えたが、子供たちはそうはいかない。長女は生まれつき心臓に問題を抱えていた。心室中核欠損症という先天性の病気で、医者からは生まれてすぐ、「3歳まで生きられるかどうか」と言われていたのだ。

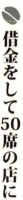

次女は小学校に上がった頃に肺門リンパ腺炎と診断され、病院で検査を受けてみると、長女と長男にも同様の疑いがあることがわかった。当時、「ストマイ」と呼ばれていた抗生物質（ストレプトマイシン）を定期的に注射することを勧められ、3人の子供たちを連れて病院に行く日は、前日分の店の売り上げをすべて握りしめて通うという日々が1年間続いた。

この頃のことを、川瀬の次女である杉之原美智子《すぎのはらみちこ》さんが語ってくれた。

「家は本当に狭いところでした。すぐ東隣にダンスホールのようなお店があり、進駐軍が出入りしていたのを覚えています。路地のような空間で家族が肩を寄せ合って、仲良く暮らしていました。当時は神戸の街全体がそういう感じでしたので、とく

開業したあと、最も古い写真

にうちだけが貧しいとは思いませんでした。私たちも子供の頃からよく店を手伝いました。お店ではアイスキャンデーをボックスに入れて売っていたのですが、卸し問屋さんに買いに行くのに、姉が幼い弟をおんぶして、私が弟の下駄《げた》を持って一緒について行った記憶があります。とくに姉は長女だからと、すぐに母に呼ばれて学校の制服を着たまま店を手伝っていました」

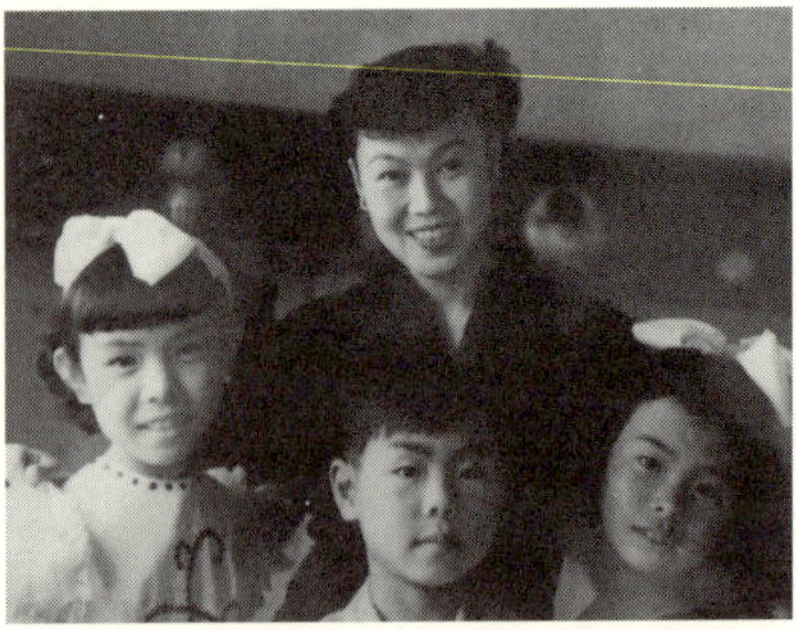

子供たち３人を守るためなら、眠る時間さえ惜しくなかった

昭和27年（１９５２年）。喫茶店をはじめて4年が過ぎた頃、隣のダンスホールが閉店したため、そこに入らないかという誘いを受けた。それまでの手狭な店から隣に移るのではなく、大きな借金をして壁を抜き、6席から50席の店に拡張することができた。

店は拡げたものの、すぐに席が埋まるほどのトントン拍子には進まない。時間を見つけては三宮のガード下に立ち、ビラや店の名前が入ったマッチを配って来店を呼びかけた。

川瀬の長男である川瀬徹《かわせとおる》さんは、当時のことを文章にこう綴っている。

「昭和30年頃の中山手はのどかな町で、秋になると私たちはぶんぶん飛んでいる赤とんぼを追いかけながら北野小学校（現在の北野工房）から走って帰ってきていた。店のすぐ前は市電の中山手1丁目の停留所になっていて、みなと祭の花電車は欠かさず2階の窓から見ていた」

「夏には氷屋の兄ちゃんが自転車やミゼット（小型の三輪自動車）に氷を積んできて、店の前で子供たちが見守る中、シャッシャッシャッと氷に鋸《のこ》を入れて半分ほど切ったところで、鋸の背でパキッと見事に割り取る。それを手かぎに引っかけて、店の奥のアイスボックスに運び込み、これがすべての冷たさの源になるのである」

「当時は日本も我が家も貧しかった。朝起きると真っ暗な店内でスイッチを探し、カウンターの中で姉と朝食をつくる。赤い縁《ふち》のある白いホーロー容器に前日に店で使った紅茶の葉が入れてあり、二度出しして苦い紅茶をつくる。あとは食パンの耳と白身だけの卵。前日、サンドイッチで切り落としたものと、ミルクセーキで黄身を使った残りなのだ。それでも友達よりはずっと恵まれていたと思う」

「私が覚えているコーヒーの値段は1杯40円。それを50円に上げるとき、母はものすごく悩んでいた。はじめて1日の売り上

アメリカ映画の保安官が出てきそうと話題になった初期の店舗

げが１万円になったときの母の喜びの声……。あれはいつ頃のことだっただろうか」

宮水との出会い

働き詰めで、子供たちと遊んでやれる時間も持てないことに心を痛めていた川瀬は、子供たちの夏休みに１日だけ店を休み、家族で六甲山にキャンプに出かけた。六甲の湧き水でコーヒーを淹れてみたところ、店で出すのとは違う美味しさを感じた。１日だけ仕事のことを忘れて過ごすつもりが、頭の中は、この美味しい水で淹れたコーヒーをなんとかしてお客様にお出しできないものかという思いで一杯になってしまった。どう考えても、六甲山頂の水を毎日店まで運ぶことはできない。

次の日から、川瀬は水に関する情報を手当たり次第にかき集めた。運よく、ご贔屓のお客様の中に水の研究をしている博士がおり、六甲山系の水脈について詳しく教えてもらうことができた。

六甲の水は、長い時間をかけて山を下りながら花崗岩《かこうがん》のフィルターで濾過《ろか》され、最終的にミネラルを多く含みながらも澄み切った状態で浜の方に湧いて出る。浜の方というのが、名酒の郷として全国にもその名が知られる灘《なだ》地区で、そこで汲み上げられる水は「宮水」と呼ばれ尊ばれている。

それを知った川瀬は、もうじっとしてはいられなかった。今津郷、魚崎郷、御影郷、西郷、下灘郷からなる灘五郷のうち、御影郷の老舗酒蔵「菊正宗」に駆け込み、毎日井戸から汲み上げる水を分けてもらえないかと交渉した。

お客様に喜んでもらいたいという純粋な気持ちでキラキラしていた

無謀とも思えるような話だが、川瀬の熱意が通じたのだろう。灘を代表する老舗酒蔵が、面識も無い個人経営の喫茶店に宮水を融通してくれることになったのだ。毎朝、夫がバイクで菊正宗に通い、大きなポリタンクに入れて宮水を店まで運び、その最高の水でコーヒーを淹れるという日々がスタートした。夫が店に戻って来ると、あまりの重さに、タンクの底が抜けて空になってしまっていたということもあった。

ただ、どれだけ手間と暇をかけても、お客様にいちばん美味しいものをお出ししたいという気持ちには、一点の曇りもなかった。

写真ではわかりづらいが、バイクの後ろに「宮水」と書かれたポリタンクを積んで毎日運んだ

別れ

川瀬夫妻が開業した喫茶店の名は「にしむら珈琲店」だ。もう既にお気付きかとも思うが、西村というのは夫の姓で、この物語の主人公は川瀬喜代子である。じつは、昭和33年（１９５８年）に川瀬は夫と離婚している。

次女の杉之原美智子さんが当時の両親についいて話してくれた。

「父はとても生真面目《きまじめ》な人でした。お酒を飲んで暴れるというようなこともなく、毎日朝から夜遅くまで、一生懸命に仕事をしていました。ただ、お店の切り盛りはほとんどが母の力によるもので、父にとってはそれが男として少し面白くなかったのかもしれません。父がもう少し大きな気持ちで、母のことを見守ることができればよかったのですが……」

「じつは母は、父から『普通の奥さんになって欲しかった』と言われて、丸まる1年間、お店から手を引いていた時期があったんです。普通に台所に立ち、トマトに詰め物をするような洒落たお料理をつくってくれて、私は『お母さんはこんなこともできるんだ』と、ずいぶん感心しました。けど、結局、母はお店から離れることができなかったんです。お店の方も、母がいないと難しかったのではないかと思います」

「離婚の話が出てから、母は何度も京都の親戚に呼ばれ、親族会議が開かれたようです。苦労して夫婦で立ち上げた店がやっと軌道《きどう》に乗ったというのに、この先どうやって生きていくのか。3人の子供たちはどうするのかと……。結局、父は私たち子供を置いて家を出て行きました。私が小学校5年生のときのことです。幼心にも、父は私たちを捨てたんだと思い、それからは会うこともありませんでした」

「母は離婚した後にも、父の悪口を言うことは一度もありませんでした。それは娘の私から見ても偉かったなと思います。それまで父と2人でやっていたことを全部母がやるようになり、それでも弱音を吐かず、一体いつ寝ているのと思うほどよく働きました。当時、私たちが着る服のほとんどが母の手縫いだったように思います。仕事の合間に、店のカウンターの奥で縫ってくれていたのを覚えています。既製服にもないようなセンスのいいもので、私はえんじ色の可愛いジャンパースカートがお気に入りでした」

夫婦はそれぞれ別の道を歩むことになってしまったが、にしむら珈琲店を立ち上げたのは間違いなく夫との二人三脚だ。店の権利の半分は夫のものと考え、川瀬はまた借金をして夫からその権利を買い取った。

これまで、どんなにつらいことがあっても夫が横にいてくれたからこそ乗り越えられた部分がある。しかし、これからは子供たち3人を抱え、誰にも頼らず生きていかなければならないのだ。

第2章　家族のように

心ない噂

夫の担当だった宮水の運搬も、離婚後は川瀬がしなければならなかった。車の免許を取ろうかとも考えたのだが、娘たちに猛反対されて断念。重いポリタンクをタクシーに積み込んで毎朝運んだ。

この頃には、にしむらの宮水コーヒーが神戸中に知れ渡り、仕事で神戸を訪れる全国の人たちにも少しずつ評判が広まっていった。

その一方で、「にしむらの宮水コーヒーというのは看板だけで、ほんとは水道の水を使っているんじゃないか」「毎日毎日、灘から中山手まで重い水を運ぶやなんて、面倒臭そうでできるわけがない」といった、心ない噂を吹聴する人たちもいた。

後に神戸新聞の対談記事の中で、川瀬が面白い話をしている。

「東京からのお客様だったと記憶していますが、うちの店が毎朝、灘の宮水を汲み上げて運んでいることが信じられなかったようで、神戸で乗ったタクシーの運転手さんに『あれは看板だけの話で、実際は普通の水でしょ』とおっしゃったところ、その運転手さんというのが偶然、私が何度かポリタンクを抱えて乗せていただいた方だったんです。『いや、あれは本物の宮水です』と、ずいぶん叱られたと、コーヒーを飲みながらお話ししてくださいました」

子育てと店の切り盛り、どちらも手を抜くことができない。川瀬の体はとうに限界を超えていたが、お客様に嘘偽りの

昔も今も変わらず、コーヒーは新鮮な宮水で淹れている

ない最高のおもてなしをするのが商売人の本当の姿だという信念を曲げることは絶対になかった。

店を拡張して席数を増やした頃から、にしむら珈琲店は従業員を雇用しはじめていた。次女の杉之原美智子さんは、当時を懐かしそうに振り返る。

正月に店の前で当時の従業員の女性たちと記念撮影

「あの頃、お店の従業員の方たちは、私たち家族と寝食をともにしていました。

地方から神戸に出て来られて、住み込みで働いておられたんです。昼間はうちのお店で働いて、夜間の美容学校に通って勉強をしておられる女性がいて、いつもそのお姉さんが私の髪をきれいにしてくれました。皆が家族のような感じでにぎやかで、楽しかったですよ」

ドイツ風の外観に

昭和39年（１９６４年）。東京オリンピックが開催され、外国の文化や食べ物が一般市民の生活の中にも浸透しはじめる。

ちょうどこの頃、川瀬は店舗の改築を考えていたが、そのための資金はまったくなかった。家族がなんとか暮らし、お客様に喜んでいただける上質な材料だけを採算度外視で仕入れて商品にし、従業員たちに月々の給料をきちんと支払うのと、それまでの借金を返済していると、一向にお金が貯まることはなかった。

ご贔屓のお客様の中に神戸商業信用組合（平成13年にみなと銀行と合併）の理事長がおられ、あるとき川瀬は店で声をかけられた。「あなたは一体、いつ休んでるの？　僕はあなたが倒れてしまうんじゃないかと心配なんだ」との労《ねぎら》いの言葉だ。

普段、お客様に挨拶をすることはあっても、川瀬が私的なことで話し込むことは滅多になかった。しかし、あまり親身に心配してくれるので、「お心遣いをありがとうございます。じつは私には夢があるんです。戦後から商売をさせていただいてるこの場所で、北欧風の素敵なお店に建て直してお客様をお迎えしたいんです。でも、まだまだお金が足りなくて……」と、珍しく夢を熱く語った。

すると理事長は、「わかった。うちが全部出しましょう。あなたの夢を完成させなさい」と言ってくれた。じゅうぶんな担保もないまま、文字通りの信用貸しで改

ドイツに多く見られる木組み建築風の新店舗完成予想図

築資金を当時の額で７００万、全額融資してくれたのだ。

店舗の外観は川瀬が思い描いていたとおり、ドイツの木組み建築風にし、１階を店舗、２階と３階を家族の住居と従業員の寮に充てることにした。

工事中は外から店の姿がまったく見えないように幕で覆い、新装開店の前日に全貌《ぜんぼう》を披露した。特徴のある建物なのでたちまち話題となり、マスコミでも大きく取り上げられた。

また、にしむら珈琲店ではこのときにはじめて、店頭においてコーヒー豆の挽き売りをスタートさせている。店の外から焙煎室の様子が見えるようにし、その手前にコーヒー豆と家庭で使える器具などを並べた。

現在では珍しくないスタイルだが、当時はまだどこもやっていなかったため、神戸に住むコーヒー好きの西洋人たちからはとくに喜ばれた。

どこよりも先がけてコーヒー豆の挽き売りをはじめた

着物に白い割烹着

この頃の従業員だった女性に当時の話を聞くことができた。清水房代《しみずふさよ》さんだ。清水さんは昭和36年（1961年）から昭和45年（1970年）までの10年間、にしむら珈琲店に住み込みで働いた。

「奥さん（川瀬のことを当時の従業員たちはそう呼んだ）はとても頭のいい方でした。けれど、それを決して表には出さない。私たち従業員ひとり一人のことを、我が子のように大切にしてくださいました。私は店の上の寮に住んでおりましたので、奥さんだけでなくお子さんたちとも接する機会が多かったのですが、店が忙しくなるとお嬢さんお2人も下りて来て、私たちと一緒にお店の手伝いをなさっていました。実のお子さんと従業員たちを分け隔てるようなことは絶対になさらず、気持よく一緒に仕事ができるご家族でした」

「私は島根県の隠岐の生まれで、就職のために神戸に来ました。田舎の島では当時、喫茶店で働くなんていうと、水商売だと軽視されるような時代だったんです。けど、にしむらの従業員は違いました。服装も言葉遣いもしっかりとした教育を受け、誰もがプライドを持って働いていました。奥さんも私たちのことを、大事な娘を田舎の親から預かっているのだからいい加減なことはできないと、何かあればすぐに飛んで来てかばってくださいました。ただ、私は奥さんのことを母親のように感じたことはなく、素敵な経営者だと思ってずっと憧《あこが》れ続けていました。結婚を機に私はにしむらを退社しましたが、もしも結婚していなければ、一生にしむらで働いていただろうと思います」

「当時のお店はとにかく忙しく、どの時間帯でも常に満席の状態でした。その頃の喫茶店や食堂では相席《あいせき》が一般的でしたので、お客様にひと言お願いをして、一緒のテーブルに掛けていただいておりました。それを嫌がるお客様もいらっしゃらなかったですね。奥さんはいつも着物に白い割烹着というスタイルで、お客様をお席にご案内したり、お会計をしたりと、常にきびきびと動いておられたにもかかわらず、少しも大雑把なところがなく、とても上品で優雅でした。お客様に対して必要以上に踏み込むようなことはせず、それでいてご挨拶は丁寧でした。『今日はあいにくの雨で足元が悪いのに、こうして来ていただいてありがとうございます』というような、真心のご挨拶が自然とできる方なんです」

「私が働いておりました頃は、出前のご注文もひっきりなしでした。坂を登って山手の方には真珠を扱う会社がたくさんありましたし、三星堂という医薬品の大きな会社などもあったんです。反対に坂を下って行くと、東門街の辺りに紅馬車という有名なナイトクラブがあって、そういったところからも毎日のようにコーヒーのご注文をいただいておりました。ご近所でしたらお盆に載せて、ちょっと離れたところですとカゴにカップとお皿とポットを入れて運んで、お客様の前でカップにコーヒーを注いでいました。若かったからというのもありますが、どんなに忙しくても、にしむらで働けることが本当に楽しかったんです」

三宮センター街に初の支店

改築した中山手の店が評判になり、「神戸を訪れたならにしむら珈琲へ」と、神戸以外からのご贔屓客もずいぶん増えた。また、お客様の中には、自分の持っている土地に是非、にしむら珈琲を出店してくれないかと、話を持ちかけてくれる人もいた。

その度に川瀬は、もともとコーヒー屋になろうと思って神戸に来たのではないのだから、身の丈以上のことをやってはいけないと自分に言い聞かせた。京都の実家の父親が「屏風《びょうぶ》は広げすぎると倒れやすい」と、口癖のように言っていたことを思い出すのだ。

不揃いのテーブル３つだけで店をスタートしたときは、とにかく、３人の子供たちをどうやって食べさせればいいのかを夫と一緒に考えてのことだった。しかし、そのときと明らかに違うのはお客様の数だ。にしむらのコーヒーを飲みたいと訪ねてくださるお客様が店に入り切らないという状況に、川瀬は胸を痛めていた。

昭和44年（1969年）、にしむら珈琲店ははじめての支店を三宮のセンター街にオープンさせる。長男が大学を卒業したことで、川瀬は3人の子供をなんとか大学まで行かせてやりたいという、親としての第一目標を成し遂げて、ここをひとつの区切りと考えた。

このときのことを、後のインタビューで川瀬が語っている。

「息子が大学を卒業した時期に、ちょうどセンター街に出店しないかというお話をいただいたんですけど、相変わらず新しいことをはじめるようなお金はありません。それで、ご近所にあった信用金庫（現在の兵庫信用金庫）に飛び込みました。それまで何の取引もなかったのに私の話を熱心に聞いてくださいまして、結局、『にしむら珈琲店の名前に貸しましょう！』と、ありがたいことに全額融資してくださったんです」

三宮センター街は、三宮と元町の間を東西に貫くアーケード付きの商店街で、古くから神戸を代表する繁華街だ。にしむら珈琲店が出店を決めた当時は、高級ブティックや呉服店、宝飾店、有名洋菓子店、大型書店や楽器・レコード店などが軒を連ね、若者や家族連れの買い物客で賑わっていた。毎年発表される「路線価・公示地価」において、兵庫県下で最も地価が高いのが三宮センター街付近とされてきた。

初の支店ということで川瀬は、目と心が行き届かなくなりはしないかと不安に感じていたが、それをサポートする意味で、次女がそれまでの勤務先を辞めて手伝った。

神戸の逸品が凝縮

2店舗目をオープンしても、創業時からのにしむらの味とサービスは徹底して守った。

コーヒー豆の質、焙煎方法、ブレンドなどを変えることはなく、もちろん宮水で淹れることも変わらない。中山手の本店が改装したのと同時に使いはじめた有田焼のオリジナルカップでコーヒーを出し、お客様が席を立たれたらコーヒーが冷めないようカップに蓋をする。おひとりでいらしたお客様には注文の品ができるまで読み物をお勧めする。すべてが本店と同じ「にしむらクオリティ」だ。

有田焼のオリジナルカップとステンレスの蓋はこの当時から変わっていない

一方、センター街店のオープンを機に、新たにはじめたこともある。コーヒーなどの飲み物を単体で出すだけでなく、トーストやサンドイッチなどの軽食にサラダを添え、コーヒーと一緒に出すセットメニューだ。

今の時代ならどの店でもやっている当たり前のことだが、当時はどこもやっていなかったのでたちまち話題となり、それがまた新たなお客様を呼ぶひとつの要因にもなった。

現在、にしむらの北野坂店に勤務している笹川智子《ささかわともこ》さんが、子供の頃に家族でセンター街店に行った思い出を聞かせてくれた。

「私がまだ中学生の頃でしたか、親に連れられてセンター街店に何度か行ったんです。よその喫茶店とは違う

人気のセットメニューはこの当時から登場した

高級感があって、とても嬉しかったですね。神戸発祥の人気のパン屋さんの食パンがトーストやサンドイッチに使われていたり、憧れを持ちながらも日常的に食べることはできなかった、トアロード・デリカテッセンのハムがトーストに贅沢に載っていたり、コーヒーと一緒にフロインドリーブのケーキを出していたり、とにかく、本物志向といいますか、にしむら珈琲に行けば神戸の逸品が凝縮されているという印象でした。高校生になって少し大人のマネがしたくなった頃にも、まず、『にしむら珈琲に行きたい!』と思いましたからね」

笹川さんはその後、神戸の企業に会社員として勤めたが、事情があって退職。喫茶店の求人広告を見て応募しようと親に相談したところ、水商売はダメだと一旦は反対されたものの、応募先がにしむら珈琲店だとわかると、「あそこなら大丈夫!」との太鼓判がもらえ、昭和57年(1982年)から北野坂店(入社当時は北野店)に勤務している。

途中、両親の介護などで出勤することが難しい時期もあったが、会社からの理解を得て休みをもらえたので、現在も月に20日前後のペースで勤続中だ。

「今、こうして北野坂店で働いていると、私が学生の頃にちょっと背伸びをして出かけたにしむらで、おそらく働いておられたであろうＯＢの先輩方とお話しさせていただくような機会もあるんです。そうすると、今も続いているお店の古き良き伝統のひとつ一つが、その当時からはじまったんだなということがわかったりして、とても感慨深いものがあります」

子供の頃に、親や祖父母に連れられてにしむら珈琲に行ったという人が、数年後、いや、数十年後に、懐かしさに誘われて再び通いはじめるという例はとても多い。笹川さんのように、自分の中の懐かしさや憧れを辿って、現在はにしむら珈琲店で働いているというスタッフも珍しくないのだ。

いいお嫁さんを育てるつもりで

センター街店に続いて昭和46年（1971年）、神戸市の中でも三宮や中山手よりもやや東側、阪神電車の石屋川駅のすぐそばに石屋川店がオープンした。カウンター席とテーブル席が3つという小さな店だが、中山手本店とセンター街店には駐車場がないことから、車で来店されるお客様のための店舗をというのが出店の動機だった。

オープンから後に御影店と併合されるまでの16年間、石屋川店を夫婦で任されていたという池田セツ子さんに話を聞くことができた。

「もともと、主人がにしむら珈琲店に勤めていたのですが、あるとき、奥さん（川瀬）が私に会いたがっておられるとのことで、はじめてお会いしました。そのときは何も聞かされていなかったのですが、じつは石屋川に新しい店舗をつくる計画があり、お店を任せる人を探しているということでした。つまり、面接試験だったんですね。当時、私は2歳になる子供の子育て中で、接客業はまったくの未経験でした。オープンの日は目前に迫っており、不安だらけだった私に奥さんは、『私が教えるから大丈夫よ』とおっしゃいました」

「オープン当時、私は26歳。私たち夫婦以外に、5人の若い女性従業員たちとのスタートでした。その人たちをどうやってまとめていけばいいのか、私は食事も喉を通らないくらいに悩みました。そんな私をご覧になった奥さんは、『いいウエイトレスじゃなくて、いいお嫁さんを育てるつもりでやってほしい』とおっしゃったんです。それがどういう意

3店舗目となる石屋川店がオープン

味なのか、すぐにはわからなかったのですが、その後、奥さんが口癖のように『大切な方を自宅にお招きしたようなおもてなしを……』と言っておられたことから、細かい心配りで大切なお客様を自宅でおもてなしできる、お嫁さんのような従業員を育てて欲しいという意味なのだと理解しました」

「オープンを前にして、奥さんが従業員の女性たちに、『これからは、このセッちゃんの言うことが私の言うことやと思って、しっかり聞きなさい』と言ってくださったんです。本当に救われました。おかげで、みんなが私の話をよく聞いて働いてくれました」

石屋川店は1階が店舗で、2階が池田さん家族の住居という造りだった。夫妻のお子さんは脚に障がいがあり、3歳になったら歩行訓練のための学校に通うことになっていたため、子供を学校に送り迎えする時間は店に立つことができない旨を川瀬に打ち明けた。

川瀬は事情をすべて理解した。「お子さんの学校がある時間は店をご主人と女の子たちに任せて、セッちゃんはそれ以外の時間にお店のことを見てくれたらいい」と言い、それまでと待遇を何ひとつ変えることもしなかった。

勝手な想像だが、川瀬は池田さんを、創業当時の自分と重ねて見ていたのではないだろうか。子供の行く末を思う親心、その正直でまっすぐな心があれば、たとえ困難があってもきっと乗り越えられる。また、その優しさがあれば、大切なお客様をきちんともてなす「いいお嫁さん」になることもできると感じたのかもしれない。

テーブルが3つの店と家族の住居が一緒になっている石屋川店。テーブル3つでスタートした創業当時の中山手の店を彷彿させる。

絶対にいい花嫁修行になるよ

中山手本店と三宮センター街店の2つは歩けるほどの距離だが、石屋川店は少し離れている。自分が毎日顔を出すことができないからこそ、川瀬は信頼できると感じた池田夫妻に石屋川店を任せたのだろう。

続いても池田セツ子さんの証言だ。

「お店を任せていただいたばかりの頃、石屋川店に奥さんが来られたときには、いろいろなことを丁寧に教えていただきました。紅茶の入れ方からサンドイッチのつくり方まで、カウンターの中の私に、奥さんがカウンターの外から教えてくださるんです。『どれもみな主婦の私がしてきた仕事やから、なんにも難しいことないよ』と励ましながら……。それでも不安なときは、閉店後、毎晩のように奥さんと電話で1時間ほどお話をしました。わからないことだらけだった私に、本当に根気よく『私はこういうふうにしてきたよ』『そんなとき、私ならこうするよ』と、ひとつ一つ話してくださいました」

川瀬が従業員たちに求めたのは、接客にしても調理にしても、決して難しい専門的なことではなかったのかもしれない。主婦が家族のことを思ってつくる料理は、たとえ高度な技は無くても嘘も無いというのが本当だ。

家族の健康を害するような素材を避け、可能な限り良いものを選ぶ。自分の舌で確かめて、美味しいと思えたものを家族にも出したい。そして、その延長線上に、我が家を訪れる大切なお客様にも、理屈ではなく真に美味しいものをお出ししたいという気持ちに至るのだ。

もうひとり、にしむら珈琲店に昭和51年（１９７６年）から40年、現在も勤続している女性従業員の話を紹介しよう。高城由美子《たかしろゆみこ》さんだ。


「私の採用面接をしてくださったのが奥さん（川瀬）だったんです。和服をとても上品に着ておられて、ものすごくオーラのようなものを感じました。けど、九州の福岡から出てきたばかりの私に、『もしも不安なことがあったら、私のことをお母さんやと思って何でも話してくれたらいいのよ』と言ってくださいました。とても印象的だったのは、『しんどいこともあるかもしれんけど、にしむらで頑張ったら絶対にいい花嫁修行になるよ』とも言ってくださったんです」

神戸に来る前、福岡でバスガイドをしていたという高城さんは人と接することが大好きで、笑顔のとてもやさしい人だ。川瀬の面接を受けたその場で即採用が決まり、翌日から本店に勤務した。

その当時の本店は女性よりも男性従業員が多く、高城さんはいろいろととまどうことも多かった。神戸弁や関西弁にまだ馴染めていなかった彼女にとって、休憩室などでの男性従業員たちとの会話が、まるで自分が怒られているような怖さを感じたのだ。

「当時の本店は1階が店舗で2階に従業員の休憩室があったんです。その1階と2階の間の階段に鏡が掛けてあって、奥さんは私にさりげなく『2階から下りてくるときには必ず鏡を見て、自分が今どんな顔をしているのか確認しなさい』とおっしゃいました。『つらいことや、面白くないこともあるかもしれん。けど、それはお客様には関係のないことでしょ。お客様の前ではあなたらしい笑顔をお見せしようね』って……」

高城さんの話を聞いていると、川瀬が女性従業員たちのことを嫁に出す前の自分の娘のように、大切に接していたことがうかがえる。

高城さんは結婚した後もにしむらでの仕事を続けた。出産をして、子育てが大変な時期に一度、退職を考えたこともあったが、川瀬に相談すると、「私も子供を育ててきたから母親の大変さはよくわかる。今は子育てに専念して、少し落ち着いてからまた帰って来たらいいよ」と、現在でいう育児休暇をもらうことができた。その後、主婦

従業員たちとコーヒーの味を確かめながら開店前のミーティング

として、母親として、家庭を大切にしながら職場復帰を果たし、今日に至っている。

「子供たちがまだ学校に通っていた頃、学校の先生がうちの子にこんなことをおっしゃったんです。『あなたのお母さんは偉いね。女性が子育てやお家のこともしながら、何十年も同じ職場でお仕事を続けるのは並大抵なことじゃないのよ』って。もちろん私自身も嬉しかったのですが、先生からそう言ってもらえた子供が喜んでいるのを見て、改めて、にしむらで働けている私は幸せだなと実感しました」

人には人格、店には店格がある

店舗数が増えたことで、必然的に従業員も増えた。川瀬は日頃から、にしむら珈琲店の業態に対して、「事業というよりも家業」という思いが強かった。それは彼女の従業員たちとの接し方や関係性を知れば知るほどよくわかる。しかし、家族のような大所帯を川瀬ひとりで束ねていくのには限界がある。

じつは、石屋川店を出店する少し前に川瀬の長女が結婚し、その川瀬から見た娘婿が川瀬の仕事を手伝いはじめていた。その後、川瀬の右腕として、にしむら珈琲店の専務から社長となり、現在は会長を務める吉谷博光《よしたにひろみつ》さんだ。

吉谷さんは、神戸に本社を置くＵＣＣ上島珈琲の営業マンとして、にしむら珈琲店に出入りしていたのだ。当時の話を吉谷現会長に聞いてみた。

「私は上島珈琲の営業の立場で、神戸はもちろん、関西圏のいろいろな喫茶店、レストラン、ホテルなどに自社商品のセールスをしていました。にしむらにも何度も通っていたのですが、あるとき創業者の川瀬から、『うちのコーヒーの味をどう思うか』と訊ねられたんです。私はにしむらブレンドを注文して飲み、私なりの感想を伝え代金を支払おうとすると、『味見してもらったんやから、お代はいいわ』と言われました。そのときに、よその店とは違うなと感じたのです。そういう場合、普通は『ありがとう』とお代を取りますからね」

「当時の私はコーヒー屋の営業ですから、当然、コーヒーの味や豆のことは勉強していましたし、焙煎の経験もありました。正直、にしむらのブレンドはとても飲みやすいし美味しいと感じました。私自身、好きな味でもありました。けど、それと同時に、こんな贅沢なブレンドをしていたらコストが見合わず、利益なんて出ないんじゃないかとも、飲んだ瞬間に思いました。ごまかしの一切ない最高級の豆だけを使っているのです」

にしむら珈琲店のブレンドを、挽いていない豆の状態で買われた方ならご存知だと思うが、豆の色が一定ではない。色の濃さの違う豆が混ざっているのが大きな特徴だ。

一般的なブレンドというのは、数種類のコーヒー豆をメーカーやコーヒー店が独自に決めた比率で、混ぜ合わせてから一緒に焙煎する。そのため、焙煎後の豆はほぼ同じ色に仕上がる。

しかし、にしむらでは6種類の違った豆をそれぞれの特性に応じて個別に焙煎しており、それを焙煎後に創業当時から変わらない比率で合わせているのだ。飲んだときに、それぞれの豆の豊かな個性を感じ、それでありながらバランスのよい融合と調和を楽しむことができる。

川瀬の人間的魅力と、コーヒーに対する真摯《しんし》な姿勢に惹かれた当時の吉谷さんだが、逆に、川瀬からは一目置かれる営業マンでもあったようだ。

「ある日、新規の取引をお願いしににしむらを訪ねたとき、川瀬から『支払いを待ってもらうことになるかもなるかもしれんよ』と言われたことがあります。私はためらうことなく、即座にＯＫと言いました。後に川瀬から聞かされたのですが、『こんなに若いのに、会社に相談もせずに決めて大丈夫なんやろか』と思ったのだとか……。よその営業マンは皆、『一度会社に帰って上の者と相談します』と言い残して帰って行ったそうです」

「私は父親のように慕い尊敬した上島珈琲の創業者からも、さらにはもっと遡《さかのぼ》って兵庫県の但馬《たじま》にあった実家の母からも、人間哲学をずいぶん叩き込まれました。営業マンとしていろいろなお店をまわり、いろいろな経営者にもお会いしながら、人には人格があるように、店には店格があることを知りました。上品な商売をする人や店もあれば、品の無い商売をする人や店もあります。にしむら珈琲店の川瀬に出会い、この人は人様を泣かせたり、苦しめたりする商売人ではないということはすぐにわかりました」

後継者現る

出会ったときからお互いに惹かれ合うものを感じた川瀬と吉谷博光現会長。では、吉谷と川瀬の長女である久美子さんの結婚の背景にはどういう物語があったのだろう。

「家内とは、彼女の母親でもある創業者の川瀬から紹介されて付き合いはじめたわけではありません。私が上島珈琲の営業でにしむらを訪ねていた頃から、彼女は店を手伝っていましたので面識はありました。いつも笑顔でお客様と向き合いながらも、どこか少し寂しげな雰囲気を持っていたのが私の心に引っかかっていました」

「後からわかったことですが、私がにしむらに出入りしはじめたのは、ちょうど川瀬が離婚を考えている大変なときだったんです。それで、長女である彼女も胸の奥ではずいぶんつらい思いをしていたのでしょう。川瀬が私に『支払いを待ってもらうことになるかもしれんよ』と、正直に打ち明けてくれた時期とも重なります。離婚する際に、ご主人が持つ店の権利の半分を買い取るためにお金が必要なときでもあったわけです」

「上島珈琲の重役たちに連れられて、ジャマイカのコーヒー工場を視察に行ったときのこと。私のほかは皆、海外でも顔の知られた大人たちですから、お酒の席などいろいろな付き合いがあります。夜ともなると私だけがホテルで時間を持て余していました。そんなときにふと彼女のことを思い出して、柄にもなくラブレターのようなものを書いて日本に送ったんです。それが家内と付き合いはじめたきっかけです」

長女の久美子さんは控えめで物静かな女性だった。しかし、芯はとても強く、川瀬が夫との離婚に迷っていたときに、川瀬の背中を後押ししたのが久美子さんだったという。

川瀬は親の離婚が子供たちの将来に傷を付け、いい相手ができたときに片親だからとつらい思いをさせてしまうのではないかと苦しんでいたのだ。

母親の気持ちを察した長女は、「そんなことで私たちとの結婚をためらう相手なら、私たちの本当の結婚相手じゃない。お母さん、私たちのことは心配しないで」と川瀬に告げた。

結婚を決めた当時の吉谷は、上島珈琲の創業者から裏表のない人柄と誠実な仕事ぶりを高く評価され、本社で営業部長の立場に就いていた。川瀬は是非とも娘婿ににしむらを手伝ってもらいたいと考え、本人のみならず、上島珈琲の創業者であり、当時の会長であった上島忠雄氏にも直談判している。

先方の上島会長は特例として、吉谷のかけ持ち勤務を認める意向も示したが、吉谷本人は性格的にそれを受け入れることができず、15年間勤務したＵＣＣ上島珈琲を退社し、昭和47年（１９７２年）、正式ににしむら珈琲店に入社した。

この頃、川瀬の長男である川瀬徹さんは既に違う分野で事業をスタートさせていたこともあり、川瀬は吉谷を自分の後継者として、にしむら珈琲店の専務に任命した。

「川瀬喜代子は私にとって、家内の母であり、仕事上の上司でもありましたが、常にライバルだとも思っていました。上島の会長に対してもそうでしたが、私は相手が上司だからといって、機嫌を取ったりお世辞を言うようなことはできないんです。言いたいことはハッキリ言いましたし、またそれをしっかり聞いてくれる相手でもありました。にしむらに入ってすぐ、川瀬から『あんたみたいに難しい人、上島さんはよう使ってはったなぁ』と言われました。不思議な縁で、この神戸でコーヒーの歴史を刻む偉大な2人から可愛がっていただき、多くのことを教えてもらったと思っています」

原点を忘れてはいけない

川瀬は自分の右腕となる逸材を得て、気分的にずいぶんラクになることができた。するとちょうどそのタイミングに合わせたかのように、本店の規模を拡張しないかという話が舞い込んできた。

中山手の本店は、創業時の5坪から東側に一度拡張し、その後改築している。その店舗と西側のハンター坂との間に、信用金庫(当時の華僑信用金庫)の支店があったのだが、同じ地区の違う場所に移転が決まり、その会社から土地を買ってくれないかと打診されたのだ。

その土地を手に入れると、中山手通りとハンター坂の交わる角がにしむら珈琲店のものになり、ある意味、山手への玄関口的な角地に店を構える格好になる。また、何よりも本店の席数を増やすことで、ひとりでも多くのお客様をお迎えすることができる。

非常にありがたい話ではあったが、いつものように先立つものがない。

詳しい話を聞いてみると、その角地を欲しいと既に名乗り出ている東京の企業があり、驚くほどの高値を提示してきていた。しかし、信用金庫としてはまったく馴染みのない遠方の業者に売って近隣からの反感を買うよりも、既に地元で信頼を得ているにしむら珈琲店に買って欲しいという思いがあったのだ。東京の企業が提示した額の半値でかまわないから是非にということだった。

またしても、それまで取引のなかった信用金庫からの融資を受け、昭和48年（1973年）に本店の西側を拡張することができた。

ありがたいことに、本店の人気は衰えることがなかった。近年主流となってきたセルフサービス型カフェならいざ知らず、昔ながらのフルサービスを貫くこの時代の喫茶店で、1日に20回転するというのはほかに例を見なかった。

川瀬は感謝の気持ちと裏腹に、お客様にまるで火事場でコーヒーを飲んでいただいているような慌ただしさを感じさせてしまい、申し訳ないという気持ちに苛《さいな》まれてもいた。

川瀬はこのときの正直な気持ちを次のように語っている。

「コーヒーというのは慌ただしく飲むのでなく、ときにゆったりとした気分で味わいたいものだと思うんです。私がいちばん最初にテーブル3つでお店をはじめたときは、お客様が少なかったこともありますが、お顔を見てから豆を挽き、それからコーヒーを淹れておりましたでしょ。その頃の原点を忘れてはいけないなと、自分に言い聞かせる毎日なんです」

拡張した本店西側。煉瓦造りの部分は焙煎室

第３章　広がりゆく信頼の輪

贅《ぜい》を極めた会員制コーヒー店

昭和49年（1974年）春、川瀬は迷いに迷った末、本店からひと筋東の北野坂に、日本で初めての会員制コーヒー店（北野店）をオープンした。

煉瓦《れんが》造りの建物には派手な看板を掲げず、内装にも重厚な調度品を揃えてこだわり抜いた。壁にはユトリロの原画などを飾り、つくられて100年を超すというドイ

北野坂に似合う手焼き煉瓦造りの北野店

ツ製の手回しアンティークオルゴールは、この店の象徴ともいわれるほど立派なものだ。

当時の喫茶店では当たり前だった客同士の相席もこの店では絶対にあり得ず、時間の流れを忘れてゆったりした気分を味わってもらおうと考えた。まさに贅を極めた応接間という発想で、もしもこの店舗が独立採算であったなら、完全な赤字で１年と持たないだろう。

当時、入会金が１万円という思い切った設定は、本物の品を揃え、本物の真心で最高のおもてなしを約束するという、にしむら珈琲店のプライドの現れでもあった。

しかし川瀬は、本当にコーヒー店の会員になってくれるような人がいるだろうかと、オープンしてからも不安を拭えずにいた。

ところが、驚くことにオープンから半年の間に

調度品にも贅を尽くした応接間風のしつらえ

3千名を超す会員の登録があった。長い間、本店をご贔屓のお客様がひとり、またひとり、「お祝い替わりに入会させてもらうよ」と、新たなお客様を伴い訪ねてくれたのだ。

気が付くと、関西や神戸に縁のある財界人、画家、作家、音楽家などの文化人、プロスポーツ選手、神戸を訪れる芸能人など、錚々《そうそう》たる人物が会員として名を連ねた。松下電器の松下幸之助氏やダイエーの中内功氏などは家族ぐるみでこの店を度々訪れた。

各界の著名人が、この会員制当時の北野店に寄せた言葉がある。

「40年前の旧友2人とこの店で語り合いました」　作家・遠藤周作

「神戸に来ると寄るのが楽しみです」　政治家・田英夫

「神戸に来ると、にしむらさんでぼんやりしてたいと思うの」　俳優・杉村春子

「ぼくは午前中に５杯珈琲を飲むんですよ。にしむら珈琲のカップでね」

俳優・米倉斎加年

「大好きな神戸、そして大好きなコーヒー、ここに来ると心がなごみます」
華道家　政治家・池坊保子

「コーヒーには眼のないわたし。にしむらさんには脱帽します」

俳優・奈良岡朋子

「久しぶりに本物の神戸を再発見しましたね」　映画評論家・淀川長治

「にしむらでコーヒーを飲むとき。それは神戸にいるなあとしみじみ思うとき」

作家・田辺聖子

お客様が判断される結果がすべて

杉村春子さんは文学座の公演で毎年のように神戸を訪れた。その神戸公演の合間に北野坂のこの店でゆったりとコーヒーを飲みながら、川瀬と談笑することを楽しみにしていたようだ。

後に杉村さんと川瀬は、月刊「神戸っ子」という雑誌の中で対談をしているので、そのときの記事から部分的に抜粋して紹介しよう。

川瀬「女優さんの中には、『毎回同じことの繰り返しで、舞台は面白くないわ』とぼやく方もいらっしゃいますね。私どもも喫茶店という商売をはじめて38年になりますが、やはり毎日の積み重ねが大事だということを強く感じます。ただ、仕事としては毎日が同じことの繰り返しなので、若い従業員は2~3年もすると飽きるようです」

杉村「仕事を持っていると、家庭の奥様も同じだと思いますが、決して毎日毎日同じじゃないんです。変わっていってるんです。ただし、自分で求めなきゃいけません。人が与えてくれるのを待っててもダメです。自分で変えよう、こうしようと思わなきゃいけませんね。何々してくれない、何々させてくれない、というのが意外に多いですね。どうして精進しないのかしらね」

川瀬「まったく同感です。教えてもらえないと言われても、うちは学校じゃないんだから、自分で仕事を見つけないといけないと思うんです。万事がそうで、何かひとつ困難に出会ったとき、背中を向けて逃げてしまうと逆に苦労が追いかけてくるってことがあると思うんです」

杉村「そう。逃げよう逃げようとすると追いかけてくるもんなんですよ。人生では何も問題のないことの方が少ないのですから、それから逃げていてはダメですね。だから私は、うれしいことのある日の前日が、いちばん幸せな日だって思うんです。うれしいことが現実になるときには、また異なる問題が起きることが多いですからね」

川瀬「私が舞台を観る楽しみを覚えたのも、本当に先生（杉村さん）のおかげなんです。商売をはじめてからずっと働きどおしでしたから（中略）。先生の舞台は観せていただくたびに魅かれて、後ろからついて行きたくなるような気になります」

杉村「やはり人間、年を取ることは悲しいですよね。ことに自分がこれまで生きてきたってことは、おしまいがあるわけだけど、おしまいがある、おしまいになると

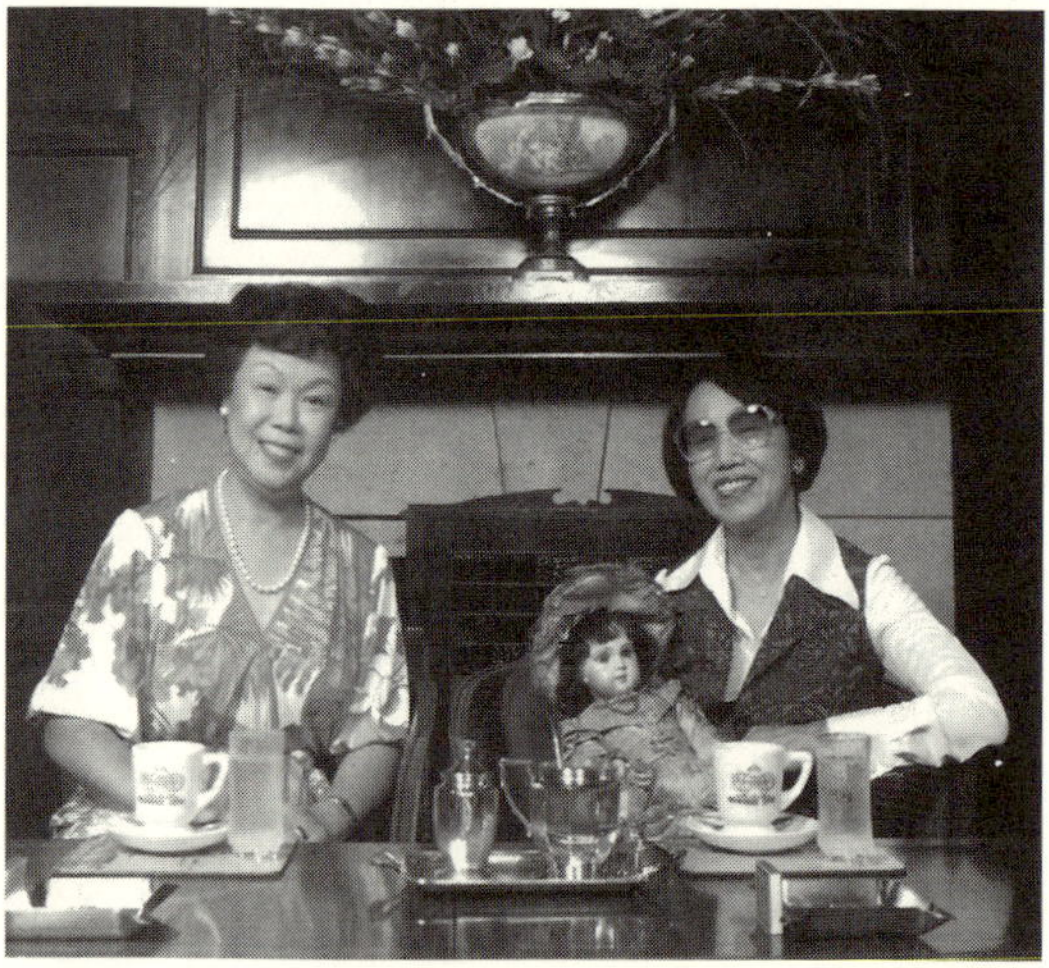

女優の杉村春子さんは神戸公演のたびに北野店を訪れた

思ってやっててもどうしようもないでしょ。しかし、私の場合これから30年、50年という先はないのも事実です。じゃあどうすればいいか。人にはそれぞれ異なった悲しさがあるわけだし……。でもね、私やっと最近になってこう思うようになったんだけれど、川瀬さんも今は何軒もお店を経営してらっしゃるけど、第一歩があったはずです。誰でも最初の一歩からはじめてるんです。そして毎日毎日があって年月が経つわけで、一足飛びに10年は経ちません。私も毎日毎日演《や》ってきて今日があるわけです。それで、５年ぐらいを節目に考えてみると、前の５年より、今の５年の方が物事を深く考えるようになっているわけです。役者の場合だと、同じひとりの人間を演じても理解が深くなっていきます。『若い精神』って、物に対する興味が強いとか、生きることに真摯だってことだと思うの」

川瀬「私も毎日、新しいお客様との出会いがあって、新鮮な発見があり、同じことの繰り返しでも楽しいんです」

杉村「私は何回も演じられるお芝居をたくさん持っていて、とても幸せなんです（中略）。やっといろんなことがわかってきた今、その結果は何で見せるかといえば、舞台です。ダメだったらお客様が判断されるわけですから」

川瀬「まったくおっしゃるとおりです。私の仕事でも、お客様が判断される結果がすべてです。それだからこそ、一期一会を大切にしなければいけませんね」

やるからには完璧をめざす

人と人の縁とは不思議なものだ。杉村春子さんがにしむら珈琲店を贔屓にしてくれたことがきっかけで、新たなご贔屓も増えていった。

杉村さんがある舞台の仕事で山田五十鈴さんと共演したとき、「あなたと声が似ている女性が神戸にいらっしゃるのよ」と、楽屋で話したらしい。山田さんはそれをずっと覚えていて、神戸を訪れたときに「私と声の似てらっしゃる方が、こちらで素敵なお店をされてると聞いて……」と、北野店に川瀬を訪ねて来た。杉村さんから話を聞いて以来、川瀬に会ってみたいと思っていたそうだ。

ちなみに、山田さんと川瀬は本当に声がよく似ていたようで、川瀬が京都に出向いたときにタクシーに乗り、「どこそこまで行っとぉくれやすか」と京都弁で行き先を告げると、運転手が振り返って「山田五十鈴さんですか？」と訊ねるほどだったのだ。ハスキーだけれど上品で、どこか艶っぽい魅力的な声だ。

山田さんと川瀬は、年齢でいうとふたつ違い。山田さんが大正６年生まれで川瀬は大正８年の生まれだ。２人はとても馬が合ったようで、それ以来、山田さんはにしむらから自宅に豆を取り寄せて、毎朝必ずにしむらブレンドのコーヒーを飲んでいたという。

また、神戸を訪れるたびに時間をつくって川瀬に会いに北野店にやってきており、川瀬もコーヒーの出前と称して、山田さんの神戸公演の楽屋に出向いた。

もうひとつ、面白いエピソードがある。山田五十鈴さんの代表作ともいえるテレビ時代劇『必殺シリーズ』が終了したとき、山田さんが役の衣装として長い間着続けてきた愛着のある着物を、「あなたに差し上げるから、仮装するときにでもお使いなさいな」と、川瀬に贈ったのだ。

後に川瀬は、作家の藤本義一氏らに招かれたパーティーの仮装大会でその着物を着て三味線のバチを持ち、顔にはきれいに白粉を塗って頭を手拭いで覆い、必殺仕

山田五十鈴さんとはときに北野店で、ときに神戸公演の楽屋で

事人の「おりく」ならぬ「おきよ」を堂々と演じてみせた。

たかが余興、されど余興……。とにかく川瀬は中途半端を嫌い、やるからには完璧をめざしたがる。茶目っ気たっぷりに演じた川瀬の必殺仕事人は、そのときの仮装大会で優勝したらしい。

あなたのお店は神戸の自慢

川瀬は長い間、感謝してもし切れない神戸の街に何かのカタチで恩返しがしたいという思いを持ち続けていた。その背景には、体の弱かった自分の子供たちがなんとか無事に成人し、それぞれ独立できたことへの感謝もあった。

会員制の北野店を立ち上げるにあたり、川瀬は再び大きな借金を抱えることになったのだが、あえてその状況の中で、毎年、北野店のオープン記念日である４月７日の全店の売り上げを、障がいを抱える子供たちの福祉のために役立ててもらおうと、神戸市を通じて寄付することに決めた。
　毎年、4月7日には川瀬自身が全店舗の朝礼をまわり、「働きたくても働けない方たちがおられることを思い、働ける体に生んでくれた両親に感謝しましょう」と、従業員たちに語りかけた。

　寄付金を神戸市役所に届けると、市長が直接迎えてくれたこともあり、「おかげ様で今年はこうして来させていただけましたが、来年はお持ちできないかもしれません」と川瀬が告げると、「あなたのお店は神戸の自慢なんだから、潰さないように頑張っ

大切な伝達は各店舗をまわって自分の言葉で直接伝えた

４月７日の全店の売り上げを神戸市役所に届けた

てください」と励まされたりもした。

川瀬から石屋川店を任されていた池田セツ子さんが、こんな話を聞かせてくれた。

「私の子供は脚に障がいがあったので、歩行訓練の学校に通わせた時期がありました。その学園の園長先生が神戸の福祉事務所にご用があって行かれる際に、『池田さんも一緒に来て欲しい』とおっしゃったんです。私が何のお役に立つのかしらと思いながらご一緒したところ、福祉事務所のお偉方がにしむら珈琲のことも創業者のこともよくご存知だったんです。『学生の頃、にしむら珈琲の本店によく行きました。いつ行っても白い割烹着を着たきれいな方が一生懸命に働いておられてね……』と、目を細めながら、それはそれは楽しそうに、懐かしそうに、お話ししてくださるんです。あの穏やかなお顔の表情は忘れることができません。用事を済ませた帰り道、『ひょっとして、園長先生が私を誘われたのは、にしむらの話題を出されるためだったんですか？』とお聞きすると、園長先生は照れ臭そうに、『そうやねん。僕が若い頃からにしむら珈琲と川瀬さんのファンやったから、神戸に住む同世代の人たちは皆、共通の話題として懐かしむやろうなと思った』と、説明してくださいました。そのときに、私はなんてすごいお店で働いているんだろうと、身を引き締めて仕事をしないとお店の看板に傷を付けることになるんだなと、改めて痛感いたしました」

池田さんによると、1軒の福祉事務所だけでなく、神戸市の区ごとにある福祉事務所のお偉方たちの多くが、にしむら珈琲を愛して本店に通っておられた世代だったということを、お子さんの学校の園長先生を通じて知らされたらしい。

朝ドラの主人公モデルたちと

昭和52年（１９７７年）秋、ＮＨＫの連続テレビ小説（いわゆる朝ドラ）で、神戸の山手が舞台になった『風見鶏』の放送がはじまった。ヒロイン役はドイツ人のパン職人と国際結婚をした日本人女性で、そのドイツ人パン職人のモデルとされた人物が、現存するパンと洋菓子の人気店「フロインドリーブ」の創業者だ。

このドラマがきっかけとなって、北野町の異人館街が脚光を浴び、神戸の街に「異人館ブーム」が起きる。それまで中山手通りから山側の一帯といえば、夕方ともなれば比較的静かで、車の往来も多くはなかった。しかし、ドラマの放送開始後は朝から晩まで多くの観光客が行き交うようになり、辺りの雰囲気は一変した。

にしむら珈琲の本店を訪れる観光客も日に日に増え、１日の営業時間中に相席をお願いしながらも、20回転するというような日々がしばらく続いた。

ちなみに、この頃のにしむら珈琲店が商品として出していたケーキ（焼き菓子）

はフロインドリーブの製品で、とても評判がよかった。決して大量生産をせず、卸売りも古くからの馴染みの相手だけに限っていたため、それを美味しいコーヒーと一緒に味わうことができるにしむら珈琲店は、フロインドリーブのファンからも喜ばれた。

当時、フロインドリーブの本店はにしむら珈琲本店のすぐ山側に隣接してあり、創業者の長男、ハインリヒ・フロインドリーブ氏が跡を継いでおられた。川瀬とは家族ぐるみで親交があり、北野店にもよく家族で訪れたり、本店でコーヒー豆を買い求めたりもされていた。

ハインリヒ・フロインドリーブ氏と

ファミリア創業者のひとり伴野惇子さん夫妻と

時代は移ろい、平成28年（２０１６年）の秋から放送を開始した連続テレビ小説『べっぴんさん』のヒロインは、神戸が発祥の子供服メーカー「ファミリア」の創業者のひとり、坂野《ばんの》惇子《あつこ》さんがモデルだ。

川瀬はまったくの同世代であった坂野さんとも親交があり、坂野さんは仕事上の接待やご夫婦水入らずの時間を、ときどき北野店で過ごしていたようだ。

惇子さんは「東京からお客様が見えたときに、このにしむら北野店があるのでホッとします。神戸らしいお店へご案内できますものね」と、また、夫の通夫氏は「僕はここのオルゴールの音色が気に入ってるよ。「心が和むね」と、それぞれ北野店に対するコメントを残しておられる。

神戸が舞台となった連続テレビ小説2作品で、それぞれの登場人物のモデルとなった人物やそのご家族が、にしむら珈琲店に通っておられたというのも、にしむらが神戸の人々から愛されているということを象徴するエピソードだ。

フロインドリーブ氏にしても、坂野惇子さんにしても、川瀬と同じ時代に神戸の地で、共に刺激を受け合いながら熱く生きた仲間たちだったのだろう。

仕事も趣味もにしむら珈琲店

神戸っ子にとっては誰もが知るにしむら珈琲店、また、全国においても、知る人ぞ知るにしむら珈琲店という具合に、派手な宣伝をせずとも、その知名度は少しずつ、けれど着実に広まっていった。

「宣伝や広告にお金をかけることはせず、そのぶん、いい原料を仕入れてお客様に喜んでいただこう。そうしていれば、必ずお客様が次の新しいお客様を連れてきてくださる」……これは、川瀬のポリシーであり、長女の娘婿である吉谷博光の思いとも完全に合致していた。

北野店までの出店に関しては、ある意味、川瀬個人の勘と考察に頼って進めてきた感が否めないが、吉谷が専務として参画して以降は、より戦略的に出店や拡張の計画を練ることができるようになったといえるだろう。

川瀬の次女、杉之原美智子さんはこう語っている。

「母と義兄は2人とも、『仕事も趣味もにしむら珈琲店』と言って過言でないほど、24時間お店の話をしていました。たとえば新しいお店をつくるときなど、設計士の方から図面が届きますでしょ。私はそれを見せられてもまったく完成のイメージが見えてこないのですが、母と義兄にはそれがわかるんです。２人にはお店の内外の人の流れなどがちゃんと読めていたようです。現在のにしむらが在るのは、母の横

あじさいが満開の北野店玄関で従業員と

にいつも義兄がいてくれたからこそだと感謝しております」

昭和54年（１９７９年）、にしむら珈琲店は芦屋と三宮に新店舗を出した。芦屋店は阪神電車の芦屋駅、三宮店はジェイアール（当時はまだ国鉄だった）の三宮駅、それぞれ駅のすぐ前だ。

三宮は神戸最大のターミナル駅で、当時は既に国鉄、阪急、阪神の３路線が乗り入れていた。海側にある阪神の駅前と、山側にある阪急の駅前はたくさんの店が並び賑わっていたが、その間に挟まれる国鉄の駅前はというと、バスから降りた人たちがまっすぐ駅に向かうような場所で、人通りも少なかった。

「こんな場所に出店して大丈夫なのか」という声が周りからは聞こえてきたが、川瀬には、人通りのない所に人の流れを引っ張ってきてこそ商売の醍醐味があるのじゃないかという気持ちがあった。

出店当初、三宮店はビルの１階のみのスペースだったが、半年後には同じビルの２階が空いて売りに出た。川瀬と吉谷はさらに半年後の人の流れを先読みして迷わず購入。1階と2階を螺旋《らせん》階段で繋ぎ、店舗を拡張した。

　昭和56年（1981年）3月、神戸港につくられた人工島「ポートアイランド」において、神戸ポートアイランド博覧会（通称・ポートピア'81）が開催。会場への交通手段として、三宮が起点の都市型新交通システム「ポートライナー」が開通し、世界初の無人運転列車を走らせた。

　三宮駅界隈は全国から神戸を訪れた多くの人で連日溢れかえり、にしむら珈琲の三宮店も朝から晩まで、すべての席が埋まるほどの盛況ぶりだった。この頃は、タクシーに乗って「にしむら珈琲店」と行き先を告げると、中山手の本店ではなく三宮店に案内されることも多かった。

拡張した三宮店の2階

にしむらのおばさんの小部屋

長らく、本店の店舗の上で家族と一緒に暮らしてきた川瀬だが、子供たちが独立してからは、北野店の2階のこじんまりとしたスペースにひとりで暮らしていた。

店舗の上ではなく自宅を建てたらどうかという話も度々あったのだが、朝、目覚めてから、夜、眠りに就くまでは、いつ、何があっても自分がすぐに店に出られる態勢を整えておきたいというのが川瀬の思いだった。

実際、会員制の北野店には、コーヒーを飲むだけでなく、川瀬に会うことを楽しみにして遠方から訪ねてくれるご贔屓の方も多かった。

しかし、母親のひとり暮らしを案じた長女夫婦が、玄関が別になった棟続きの自宅を御影に建て、川瀬を迎えることになった。

それによって、北野店の2階に新たにできたスペースを使い、にしむら珈琲店ではじめて、コーヒー以外の店を開くことにした。昭和56年（1981年）に開業したフレンチレストラン「シェ・ラ・メールにしむら」だ。

フランス語の店名を日本語に訳すと、「にしむらのおばさんの小部屋」となる。その名のとおり決して広くはない空間で、お客様に家庭的な雰囲気と、最高のフランス料理の味を楽しんでもらいたいというのがコンセプトだ。

神戸という土地は、神戸牛や明石海峡や瀬戸内から揚がる海産物、丹波産や淡路産の新鮮な野菜、赤穂の塩、そして六甲の水など、逸品や別品と呼ぶに相応しい食材の宝庫だ。

にしむらを愛してくれる方たちをコー

北野店２階のフレンチレストラン「シェ・ラ・メールにしむら」

ヒーだけでなく、こだわり抜いた食材を使った最高の料理でもおもてなししたいという、川瀬の心が込められた。１階の珈琲店は会員制だが、２階のレストランは誰でもが利用できるようにした。

このフレンチレストランや北野店、また中山手本店での仕事を終え、夜遅くに御影の自宅に戻るとき、川瀬にとってとても気になる土地があった。駅のそばではなく、御影の山手を東西に走る道路に面した土地だ。

この辺りには、コーヒーを飲みながらゆったりと過ごせる喫茶店がまだ多くなかった。川瀬は仕事の行き帰りに頭の中で、御影の人たちに寛《つくろ》いでもらえる店の姿を、少しずつ思い描いていた。

もしもここに店を出すと、場所柄、車で来店するお客様の多い店舗になるだろう。そのためにはじゅうぶんな駐車場を確保しなければならず、時間をかけてじっくりと計画を進める必要がある。

結局、神戸市の公館があった土地が絡むなどした関係で取得に時間がかかり、この場所にステーキハウス「みかげ館」を併設するかたちで御影店をオープンすることができたのは、川瀬が土地に目を付けてから6年後の昭和62年（１９８７年）のことだった。

御影店がオープンした時点では、まだまだ周辺の環境整備が追いついていなかったが、やがて店の前を通る道路が、尼崎から西宮、芦屋、神戸の山手住宅街を結ぶ「山手幹線」として整備され、川瀬がイメージしていたとおりの、みどり豊かで便利な街へと発展を遂げてゆく。

地域と共存しながら

住まいを北野坂から御影に移したのとほぼ時を同じくして、川瀬はにしむら珈琲店の社長職を娘婿の吉谷博光に引き継いだ。

長年酷使してきた川瀬の体にツケがまわり、軽い心筋梗塞で入院を余儀なくされたのだ。とくに痛みなどもなかったため、川瀬本人はたいしたことはないだろうと高をくくっていたのだが、医者の診断によると決して楽観視はできず、たまたま命が繋がったからよかったものの、生と死の確率はフィフティー・フィフティーだったとのこと。

それを機に、川瀬は子供たちからの説得を受け入れて社長を引退し、本人曰く「普通のおばさん」になった。このときから、社員や従業員たちは川瀬のことを「オーナー」と呼ぶようになったのだ。

さて、御影店のオープンとは時間が前後するが、昭和59年（１９８４年）には阪急の三宮駅前に、阪急前店がオープンした。これまでどおりのコーヒーはもちろんだが、軽食メニューなども充実させ、若い世代に喜ばれる店舗を意識した。

この時点で、にしむら珈琲は三宮界隈だけでも、中山手本店、センター街店、北野店、三宮店、阪急前店と、５店舗を展開していた。すべてが三宮の駅から徒歩でも移動できる圏内だが、それぞれの店舗に少しずつ特徴や個性を持たせているため、店舗間でお客様を奪い合うような状況になることはなかった。

さらに三宮からは少し離れて、石屋川店と芦屋店の2店舗を有していたが、石屋川店は近隣の御影店オープンに合わせて併合することが決まった。

　これまで、にしむらのコーヒー豆はすべて、中山手本店の焙煎室で焙煎し、毎日、全店舗に配送していた。しかし、あの、商店や会社や住宅が密集する中山手で、焙煎の煙を毎日店外に排出するというのは、本来ならば苦情が出てもおかしくないことだった。それを、創業当時からのご近所のよしみで、今まで目を瞑《つぶ》って

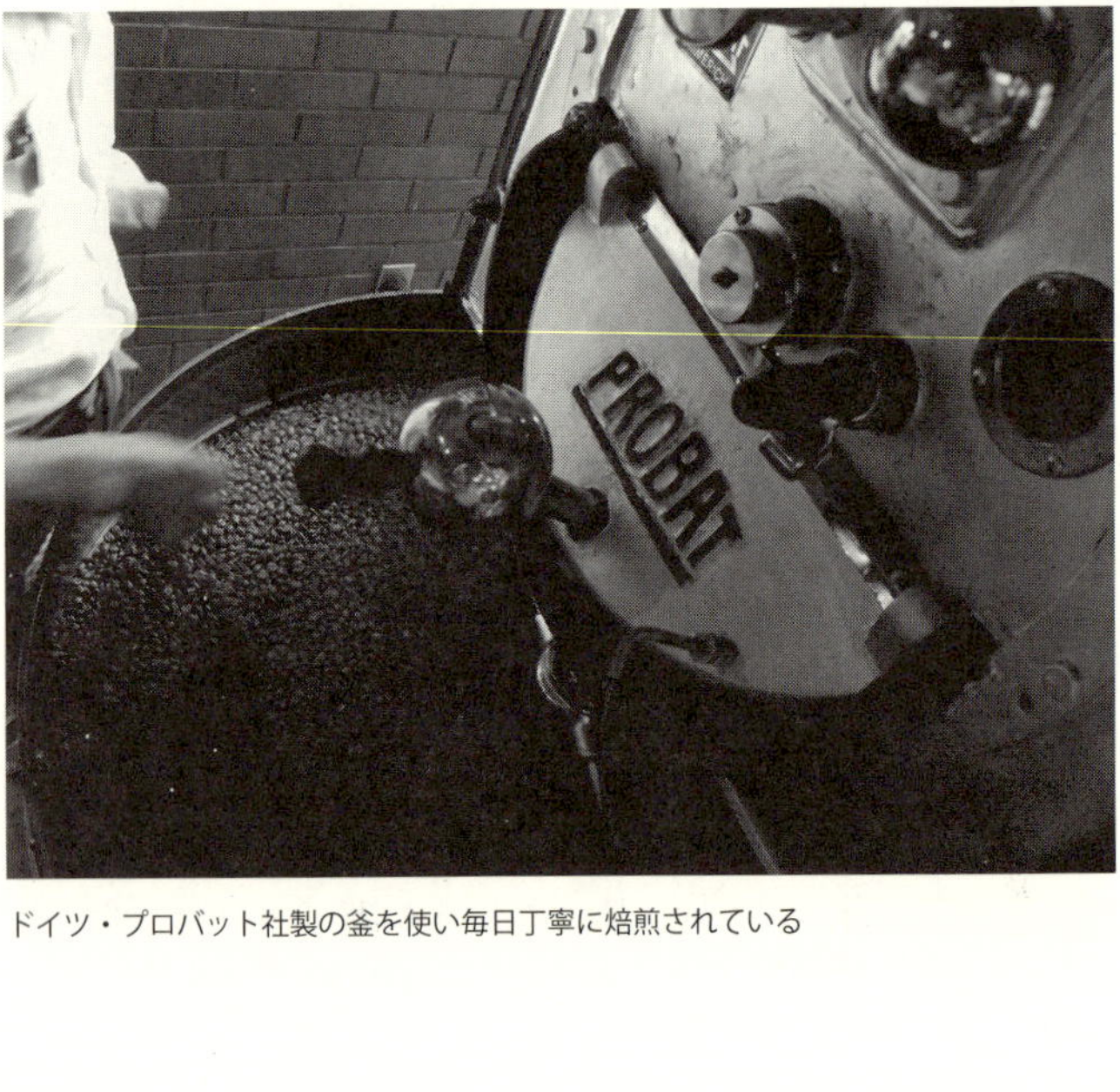

ドイツ・プロバット社製の釜を使い毎日丁寧に焙煎されている

もらえていたのだ。

しかし、ここまで店舗数が増え、焙煎する豆の量も増えてきたため、これ以上、ご近所に甘え続けてはいけないと、灘区を流れる大石川に沿った場所に新たに焙煎工房をつくった。川と国道43号線が交差する角地で、六甲山からの風が吹く風上側は小学校のグラウンドになっている。香ばしいコーヒーの香りがする煙が出ても、たいして気にする必要のない場所だ。

にしむら珈琲店の命ともいえるコーヒー豆が、毎日ここで必要な量だけ丁寧に煎られ、新鮮な状態で各店舗に届けられている。

ビジネス拠点の一等区画に

これまでは神戸を中心とするエリアで店舗展開してきたにしむら珈琲店だったが、この頃、はじめて大阪に出店しないかという話が持ち上がる。ＯＢＰ（大阪ビジネスパーク）への出店打診だ。

川瀬は、社長の吉谷とも相談しながらずいぶん迷った。大阪と神戸は同じ関西圏ではあっても、それぞれに異なる文化を持つ。人々の食や嗜好も似ているようで異なる。社内には大阪出店を反対する者もいた。

OBPというのは、大阪城に隣接するビル群と都市型公園で構成された再開発地区だ。中でもエリアの象徴ともいえるツイン21は、高層ビルが双子のように並んで建ち、多数のオフィスと商業施設がテナントとして入っている。

このツイン21は当時、松下興産（現在の関電不動産開発）が運営しており、松下グループ（現パナソニックグループ）の企業が多く入居していた。

先にも述べたが、にしむら珈琲の会員制店舗である北野店には、松下幸之助氏のご家族がよく訪れており、そんな縁から、ツイン21の完成に合わせてにしむら珈琲店の出店を川瀬に打診したのだ。

川瀬が迷う理由は、神戸圏外であることと、さらにもうひとつ、テナント出店であることだ。新しい施設内のテナントはとくに制約も多い。にしむら珈琲の店舗は内装などにもかなりのこだわりがあるため、厳しい制約の中ではなかなか、にしむららしい店舗をつくることが難しい。

出店を社内検討している段階で、先方から一度場所を見に来て欲しいと声がかかり、川瀬たちは大阪に向かった。

松下興産の専務に案内されたツイン21はとても明るく近代的なビルで、ビルそのものは完成していたが、テナントはまだどこも入居していない状態だった。双子のような２つの高層ビルは地上１階から４階までの吹き抜け部分（アトリウム）で繋がっており、そのアトリウムを囲むように複数の飲食店が軒を連ねることになると説明された。

広いアトリウムの正面区画でオープンした大阪 OBP 店

川瀬は広く開放的なアトリウムを見渡しながら、その真正面に位置するひと際広い区画が気になり、「この中央には一体どんなお店が入られますの？」と、恐る恐る訊ねてみたところ、専務は、「はい。ここに、にしむら珈琲さんに入っていただきたいと考えております」と答えた。

商都・大阪の、最も新しいビジネス拠点となるであろう施設の中の一等区画だ。「商売をする者として、これ以上のありがたいことはない」……川瀬はそう思った。

こうして昭和61年（１９８６年）、にしむら珈琲の大阪1号店となる大阪ＯＢＰ店がオープンした。（大阪ＯＢＰ店は後に尼崎店へと移転）

貴重なご縁とありがたい期待

大阪出店というハードルは、仮に川瀬ひとりの決断だと越えることができなかったのではないだろうか。娘婿であり、川瀬から社長を引き継いだ吉谷博光が、ＵＣＣ上島珈琲時代に営業部長として大阪の商売も経験し、また大阪のコーヒー店や飲食店を直接見て、知っていたからこそ踏み切れたのかもしれない。

大阪の店舗であっても、にしむら珈琲店の味とサービスは何ら変わることなく徹底した。もちろん、豆はその日に焙煎したものを工房から届け、コーヒーを淹れる水は灘の宮水を毎朝運び込んだ。

場所柄、お客様の半数以上がビジネスマンだったため、多くの人たちは既に神戸のにしむら珈琲のことをよく知ってい

神戸以外の店舗へも宮水は毎日運ばれてくる

た。またそれ故に、その期待を裏切ることは絶対にできなかった。

大阪でのテナント出店に続き、新たに神戸の商業施設ハーバーランドと、西宮市甲子園のプランタン百貨店からの出店打診があった。

じつは、そのどちらもが当時のスーパー最大手であったダイエーが運営に関わっており、創業者の中内功氏のご家族が、にしむら珈琲の北野店の会員であったことからの縁なのだ。

神戸ハーバランドは、ジェイアール神戸駅から神戸港までを繋ぐ複合商業施設で、それまでは工場や倉庫などの港湾施設に占拠されて一般市民が気軽に足を踏み入れられなかった臨海部を、いわゆるウォーターフロントとして再開発した地区だ。

複数の百貨店や小売店、個性豊かな飲食店などがテナントとして出店し、横浜のみなとみらい21と並び全国から注目を集めた。

この神戸ハーバーランドの街開きに合わせて、にしむら珈琲が出店を打診されたわけだが、家賃も敷金も光熱費も不要、売り上げの歩合《ぶあい》比率も相場の半額以下、店の内装も希望どおりのかたちで準備しましょうという、聞いた耳を思わず疑うような話だった。つまり、「あの、にしむら珈琲も出店！」というのを、この施設の売りのひとつにしたいということだったようだ。

社内的には、御影店のオープンにかなりの時間と費用を投じた直後でもあり、しばらく自発的な出店や拡張は控えようという流れではあったが、貴重なご縁とありがたい期待にはお応えしたいということで、平成4年（1992年）、神戸にハーバーランド店がオープンした。

続いて、翌年の平成5年（1993年）にはプランタン甲子園の開業に合わせて、甲子園プランタン店（現在の甲子園店）がオープンした。

こちらも商業ビルの中のテナント店舗で、阪神甲子園駅の改札を出て徒歩1分というビルの2階にある。店内は一方の壁が全面ガラス張りでとても明るく、買い物客や甲子園球場を訪れる野球ファンたちからも広く愛されている。

出店条件はハーバーランド店のときと同様に破格の歩合制だったが、プランタン百貨店の休館日や営業時間に合わせて、にしむらも営業しなければならないのではないかという懸念があった。しかし、店舗設計を見直してもらうことができ、にしむら側から交渉せずとも、先方の配慮で本館入口とは別に、にしむら珈琲店専用の入口と化粧室が新たに設置されることになった。

特別に設けられた甲子園プランタン店（現在の甲子園店）の専用入口

外光をふんだんに採り入れた明るい店内

神様はいつも守ってくださる

中山手の本店や北野店を見れば、にしむら珈琲が外装・内装を含めた店舗設計にどれだけこだわりを持っているかは一目瞭然だ。

それは、創業者の川瀬がコーヒーなどの商品はもちろん、それ以外にも店舗空間などすべてにおいて本物を求めてきたこと、そしてそれは、お客様に対して嘘偽りのない最高のおもてなしをしたいという原点に繋がる。

その、にしむらの変わらないポリシーやクオリティが広く認知され、いつの間にか「是非とも出店を」という要請を受けるまでの店になった。

川瀬は、嬉しいことがあったときも、つらいことがあったときも、ふと思い出すのは、戦後間もない生田神社での七五三の夜のことだ。

70代になった川瀬が、インタビューでこんなことを言っている。

「経営手腕がなくて常に借金ばっかり。お金は一向に貯まることのない私ですが、神様はいつも守ってくださいました。こうして次から次に、導かれてすべてがタイミングよく繋がっているように……、本当にありがたいことですね。ですから、お金では絶対に買うことのできない信用というものを、何よりも大切にしないといけないと、常々、従業員たちにも話しているんです」

甲子園プランタン店の話を進めていたのとほぼ同じ時期に、もうひとつ、導かれたような話が飛び込んで来た。

じつは、自動車メーカーのトヨタから、まったく何の面識もないのですが……と、本店を人が訪ねてきたのだ。「アムラックス」というトヨタの大規模ショールームを大阪につくる計画があり、そこに出店しないかという打診だった。

話を聞いてみると、単にクルマを並べた展示場ではなく、家族で訪れて何時間でも楽しむことができるような、さまざまな趣向を凝らしたクルマの展示施設だ。

ビルのワンフロアにイタリアの街角を再現したような空間をつくり、そこにテナントとして夢のあるお洒落な店舗を並べたいという話で、その１軒をにしむら珈琲店に任せたいとのことだった。

イタリアの歴史あるカフェをイメージさせる重厚な内装で、工事費用など一切をトヨタの方で見てくれる。出店のための資金もまったく要らない。にしむらは、店の運営に必要な什器と従業員だけを揃えればいいのだ。話を聞いたにしむらの幹部たちはあまりの厚遇に鳥肌が立ったという。

随所にこだわりが感じられる内装の店で、いつもどおりの商品を、いつもどおりのサービスでお客様にお出しすること

アムラックス大阪のワンフロアにイタリアの街角が再現された

ができる。期待を裏切れない責任は非常に重いが、これほどありがたい話はなかった。

平成5年（1993年）、アムラックス大阪の開業に合わせて、梅田のOSビルに大阪2号店となる、にしむら珈琲アムラックス店がオープンした。（アムラックス店は後に梅田店へと移転）

第4章　試練を乗り越えて

夢なのか現実なのか

平成7年（1995年）1月17日、火曜日。15日の日曜日が成人の日と重なり、翌16日の月曜が振替休日だったため、神戸の街は連休明けの朝を迎えようとしていた。

午前5時46分、ドーンという激しい衝撃が広い範囲で地の底から噴き上げた。阪神・淡路大震災だ。真冬の夜はまだ明け切っておらず、神戸に暮らす多くの人たちは、暗い闇の中で何が起こったのかをすぐには理解できずにいた。

当時、にしむら珈琲の中山手本店で店長を任されていた従業員の古村武志《ふるむらたけし》さんは、地震当日のことをこう語っている。

「私は今もそうですが、あのときも神戸市の西端、垂水区に住んでいました。経験したこともない大きな揺れで、家の中の家具が倒れ、食器が落ちたりということはありましたが、幸い私も家族も無事でした。自宅は上空から見るとL字のような形状のマンションなのですが、そのL字の角の部分がズレて『半壊』という状態でしたね。地震直後はなぜかまだテレビが点いたんですよ。電気が通っていたんですね。テレビの映像で、生田神社の本殿の大屋根が完全に落ちているのを見て、そのすぐ近所でもある本店の状態がとても心配でした」

「家族の無事と家の安全確認をし、ひとまずできる範囲で家の中を片付けて、その後、勤務先の本店にバイクで向かいました。当時はいつもバイク通勤でしたので、通い慣れた道のはずなのに、見える景色がまったく違うんです。旧神明といわれる山手の道路を東に向かうのですが、高台から見下ろすと海沿いの須磨の辺りで大きなビルがいくつも倒れていたり、あちこちで黒い煙が上がっていました。走っても走っても空には白い灰が舞っていて……、須磨や長田の街で起きた火災の灰が山手の方に舞い上がっていたんですね。夢なのか現実なのかがわからないような光景を見ながら、胸が締め付けられる思いで先を急ぎました」

「なんとか本店にたどり着くと、建物のかたちはあるのですが、外壁が剥がれ落ちていたり、焙煎室の分厚いガラスが割れて散乱していました。正面玄関の上から歩道を覆うようにアーケードがあったのですが、それも倒れて落ちていました。中に入ってみるとテーブルや椅子も倒れており、2階と3階は従業員の寮でしたが、壁と屋根の一部が崩れかけて中から空が見えていました。そのとき上の寮には8人だったか9人だったかの従業員が住んでいたのですが、全員、大きなケガもなく無事

地震によって外壁の一部が崩れ落ちた中山手本店

だったのには本当に驚いて、ひとまず胸を撫で下ろしました」

古村さんは、震災当時は本店の店長だったが、かつて芦屋店がオープンしたときには芦屋の店長を務めた。思い出の詰まった大切な店舗でもあるので、本店の状況を確認した足で、彼はさらにバイクを東に走らせ芦屋に向かった。

「何ができるというわけではないのですが、とにかく状況が気になって……。バイクを走らせていると、街の中も道路も本当に混乱した状態でした。あちこちで火災の煙が上がり、高速道路は倒れて電車の線路が垂れ下がり、せわしなく走っている人もいれば、生気を失ったように呆然と道端に立ってる人もいる。悲惨すぎて見たくないようなものも容赦なく目に飛び込んできました。芦屋までたどり着けるかどうか自信はありませんでしたが、なんとか店に着きました。店は倒壊せずに原型を留めていましたが、ものが落ちたり倒れたりしているのを見ると、とてもつらかったです」

母の心が乗り移った奇跡

地震当日、古村さんのほかにも、芦屋店と中山手本店の状況を確認しに走った人がいる。川瀬の長男、川瀬徹さんだ。あの日、目に焼き付いた状況を次のように綴っている。

「体が宙に浮いた状態で目を覚まし、叩き付けられたあと、倒れてきた本棚とたんすの隙間から這い出した。皆と石油ストーブを囲んで集まり、私は芦屋店を見に行くことになった。国道43号線で信じられないような光景（上を走る阪神高速の神戸線が倒壊）を目の当たりにし、本店も芦屋店も、これでは到底ダメだろうと思った。とくに本店は私にとって、店というより幼い頃からの思い出がぎっしり詰まった我が家であった。その建物が……と思うと、身を切られるようなせつない気になった」

「倒壊した高速道路の脇を逆走して芦屋店に着くと、一見健在のようで不思議な気がした。国道2号線の方にまわると、地獄のような状態の津知町で、泣き叫ぶお婆さんに頼まれて周りにいる人たちを集め、倒壊した家屋のあとを掘った。そのうちに冷たくなったお爺さんの足が現れた」

「本店はというと……、東側の果物屋さんが全壊し、ハンター坂を挟んだ西側のダニーボーイが入っているビルが大きく道路側に傾いていた。そして中華料理の万寿殿のビルもダメだった

手前は中山手本店、奥の傾いたビルでは１階のパブ「ダニーボーイ」が押し潰されている

というのに、にしむらの本店は中央部（創業当時の敷地部分）がびくともせずに堪《こら》えていた。その部分が、ダメージを受けた両脇の部分をまるでスクラムを組んで支えているかのようにして、倒壊から救っていたのだ。これには心底感動した。この場所で血のにじむような苦労をしてきた母の心が、乗り移ったとしか思えなかった」

従業員全員が無事

そしてもうひとり、震災当時は御影店に勤務し、住まいも店のすぐ近所だったという従業員、池田セツ子さんに地震当日の話を聞くことができた。

「地震直後、自宅の部屋はひっくり返っていますし、窓の外では『火が出てる！』という声が遠くから聞こえてきました。お店は無事かしらと思い、私は家の中を片付けることもせず、真っ暗な中を急いでお店に向かいました。自宅からお店に向かう途中、こちらに行けばお店、あちらに行けばオーナーのお住まいという分かれ道があるんです。どちらに行こうかと咄嗟《とっさ》に迷ったのですが、きっとオーナーのところに行くと、『お店は大丈夫やったか？』と聞かれると思い、まずはお店へ急ぎました。お店の前の山手幹線を隔てた海側では、まだ暗い中、ところどころに赤い炎が立ちのぼっているのが見えました。幸い、お店の建物は無事でしたが、玄関や窓のガラスが割れて散乱していましたので、通りがかったご近所の方がケガでもしたら大変だと思い、私にできる範囲で片付けていると、少しずつ東の空が明るくなってきました」

「道路沿いを慌ただしく歩いている人たちの『大変や、高速道路が落ちてるで』という声を聞いてふと我に返り、『あ、オーナーのところに行かなきゃ！』と思って走りました。オーナーのお宅が無傷なのを外から見て胸を撫で下ろし、再びお店に戻ろうとすると、ちょうど中から吉谷社長（吉谷博光現会長）が出て来られて、『セッちゃん、家は大丈夫か』と訊ねてくださいました。私は『家は大丈夫ですけど、お店が、お店が……』と、声を絞り出したきり、それ以上は言葉が出ませんでした。

オーナーやご家族の皆さんの無事がわかってホッとしたとたん、体の力が抜けてしまったようでした」

「その後、私はお店に戻りました。もうすっかり明るくなって周りがハッキリと見えたのですが、山手幹線から下手の方では大きなお屋敷もたくさん倒れていて、現実とは思えないような光景が広がっていました。私は、誰もいない御影店の中で、床に散乱した食器などを片付けながら、『みんな、早く来て。お店を整理しないとオープンの時間に間に合わないわ。どうしよう、どうしよう……』と、ひとりで焦っていました。冷静に物事が考えられる状態ではなかったのでしょうね。神戸の街全体、いや、関西全体がそれどころの状態じゃないというのに」

「それでも、その後、ひとり、またひとりと、何人かのスタッフが出て来てくれたんです。みんなもお店のことが心配だったようです」

その後、この地震の規模はマグニチュード7.3。地震が原因とされる死者は6434名、行方不明者3名、負傷者は43,792名と政府が発表している。

にしむら珈琲店では、それぞれの店舗で大小の被害を出したものの、すべての店舗において全壊は免れた。そして何よりも、驚くことに被害の大きかった神戸市内に多くの店舗や従業員の住居、寮などが集中しているにもかかわらず、社員とその家族、アルバイト従業員に至るまで、ひとりの死者、負傷者も出なかった。

お客様からお預かりしている店

震災後、にしむら珈琲店復興の陣頭指揮を執ったのは川瀬の娘婿、当時の社長である吉谷博光だ。

震災直後のことを吉谷はこう語っている。

「にしむらが震災を乗り越えられたのは、まず、従業員にケガがなく、皆が無事であったことに尽きると思います。本当に、運の強い従業員たちに心の底から感謝しました。従業員ひとり一人の運が強いから、運の強いにしむら珈琲店でいられるのです。もちろん、あの震災は私にとって大きな試練でしたが、『前にも増してよい店にする』と奮い立たせてもくれました。また、それと同時に、『思い上がってはいけない』という警告のようにも感じたのです」

「震災の直後、多くの飲食店が早期復旧を競うようにして、『この地区で最初にオープンしました！』と、自慢し合っていました。人様が大変なときに、街全体が大変なときに、そんなことを自慢し合っていても仕方がないだろうと痛感しました。最初であろうと、最後であろうと、お客様にオープンさせていただくのです。私たちは、自分の店を自分の力でオープンするのではなく、お客様からお預かりしている店を、お客様によってオープンさせていただくのだという気持ちが大切なのです」

会社として、復旧、復興を考えるときに、たとえば被害の大きかった店舗をたたむなど、少し身軽にしてから再起を図るという考え方もあるのではないだろうか。しかし、にしむら珈琲は震災前の店舗数を一切削ることなく、全店の復旧をめざした。

なぜなら、吉谷は従業員たちの生活を真っ先に考えたのだ。従業員の仕事の場を奪ってはいけない、路頭に迷わせてはいけない、この店で誇りを持って働いている皆の、誇りを失わせてはいけないという思いだ。

余談になるが、震災の後、兵庫県の但馬から80歳近くになる吉谷の母親が神戸を訪れ、「従業員の皆さんが仕事を失われたら困るのだから、少ないけれど使って欲しい」と、５００万近くのお金を吉谷に差し出した。

「息子を思う母の親心ですからね、突き返すわけにいかないでしょ。田舎で商売をしているわけでもありませんから、おそらく年金をコツコツと貯めたお金だったのでしょう。もちろん、それに頼るつもりはありませんでしたが、一旦、ありがたく受取って、この母の気持ちに応えるためにも、従業員たちの生活を守らなければいけないと腹をくくりました」

幸い、大阪にある2店舗や、甲子園プランタン店、御影店の被害は比較的少なかった。また、北野坂にある北野店は建物自体が重厚な造りで、散乱した店内を片付けさえすればすぐにでも営業ができる状態だった。

もちろん、原料や食材がスムーズに調達できない間は営業再開も難しいが、いつからでも営業を始められるよう、神戸エリアでは北野店からその準備を整えることにした。

そこで大きな問題がある。北野店は会員制の店舗だ。もともと収益を度外視して始めた店舗であるため、これまでどおりのやり方では到底無理なのだ。

全会員に向け、創業者・川瀬喜代子の名前で事情を説明する書簡を送付した。被災に対するお見舞いと、にしむら珈琲店の被災状況報告、会社として従業員の生活を保障しなければならない旨、また、北野店以外の店舗は復旧に時間を要する旨を川瀬の言葉で綴り、勝手ながら北野店の会員制を断念し、一般店舗として活用させてもらいたいという、包み隠すことのない内容だ。また同時に、会員期限の残り年数に応じて、個別に入会金や会費を郵送で返金した。ご贔屓の会員に向けて許しを乞う格好の書簡は、まさに、お客様からお預かりしている店を、お客様によって開かせていただくという姿勢だ。

また、北野店２階のフレンチレストランは、カフェレストランというかたちで営業を再開した。

お客様との再会と営業再開

川瀬は北野店の会員制断念に際し、ご贔屓の方々からお叱りを受けることを覚悟していた。

しかし、会員から返ってきた声の多くは、「これまで、本当に心やすまる空間を楽しませてもらった」「一生のいい思い出として心の奥に残しておきたい」「にしむら珈琲店の再建を祈る」といった激励や支援だった。

また、返金したお金を、復興のために使って欲しいと再び送り返して来たり、義援金や従業員への激励の品を送ってくれる会員もいた。

従業員たちは手分けして、北野店（会員制の廃止後は北野坂店と改名）の営業再開に向けた準備と、傷を負ったそれぞれの店舗の片付けなどをはじめた。

このときのことを、本店に勤務していた古村武志さんはこう語っている。

「私が勤めていた中山手の本店は、ほかのどの店舗よりも復旧に時間がかかりそうだったため、私はあちこちの店舗の片付けを手伝いに行きました。三宮店、甲子園店、中でもとくに記憶に残っているのは地震直後のハーバーランド店ですね。現在はハーバーランドの1階にありますが、当時はダイエーのビルの5階にありました。ビルの階段を上がって店舗にたどり着くまでに、ビルの床が裂けていてその割れ目から1階が見えるんです。そこで冷蔵庫などの什器を運び出したりしました。

あれは怖かったですね」

「そして、これはどの店舗も同じでしたが、いつまでも余震が続く中、お店の床に食器が落ちて散乱していました。それを踏んで歩かないと奥に入れないんです。にしむら珈琲は有田焼きのコーヒーカップにこだわりを持って大切にしていますので、踏んだお皿やカップが音を立てて割れるのが、もう可哀相で、つらくて……。胸が締め付けられるような気持ちでした」

そして、比較的被害の少なかった御影店でも、北野店に続き早い時期から営業再開に向けた準備が進められた。

そのときの様子を池田セツ子さんが話してくれた。

「御影店が営業を再開できたのは、地震から10日ほど後のことでした。灘の酒造会社さんも被災されていましたので、すぐに宮水でコーヒーを淹れることはできませんでした。お店にあったコーヒーカップもほとんどが割れてしまったので、最初は紙コップで対応しようかと言っていたんです。けど、すぐには営業できない店舗から使えるカップを集めて、どうにかにしむらのカップでお出しできることになりました。コーヒーを飲んでいただけるといっても、やはり本来のかたちではありませんでしょ。一般のお客様には通常の半額で、ボランティアでご苦労なさっている自衛隊の方などには無料で飲んでいただこうということに決まりました」

「お店の周りの片付けや掃除をしていると、ご近所にお住まいのお馴染みのお客様が、『皆さん無事やったの？』『いやぁ、またこうしてお顔が見れてうれしいわ』と声をかけてくださるんです。普段はお店の中でのご挨拶程度の会話しかしないのに、私もなんだか大切な親戚に再会できたかのような喜びが込み上げてきて、不思議なくらい優しい気持ちでお客様と向き合えました」

「営業を再開してから2週間ほどして、コーヒーの値段を元に戻そうかという話もあったのですが、まだまだ学校の体育館などの避難所からご来店くださる方も大勢いらっしゃいましたし、お店で働いている私たちも通常の制服ではなく、作業着のような服装で、お化粧もじゅうぶんにできない状態でしたから、『こんな申し訳ない接客で通常のお値段はいただけません。もう少し待ってください』とお願いして、半額でのご提供を続けてもらいました」

「にしむら珈琲では、通常、サンドイッチなどのお食事をされるお客様のお洋服が汚れないよう、できる限り膝掛けをお出しします。震災から1ヶ月が過ぎた頃、お客様が『膝掛けはないの？』とおっしゃったんです。それで、お客様は通常の接客を求められるようになったんだと感じて、そこで初めて、コーヒーの値段を元に戻し、私たちも本来の制服を着て、震災前と同じ営業を再開させていただきました」

震災の後、神戸の広い範囲で水道が断たれ、市民の生活用水は全国からの支援による給水で賄《まかな》われた。

じつは、にしむら珈琲の御影店には独自に地下水を汲み上げる井戸がある。もちろん、宮水の井戸ではないので、通常はその水でコーヒーを淹れることはせず、店舗の洗い物やトイレなどに利用している。

震災直後はしばらくの間、近隣住民のためにこの井戸水を汲み上げて生活用水として無料で提供したり、普段は宮水の配送に使っている専用のタンク車に井戸水を容れ、給水が追いつかない地区に届けたりもした。

「ふるさと」のような店

営業の再開にこぎ着けた店舗には、少しずつご贔屓のお客様が戻って来てくれた。つらい思いを乗り越えて、再びにしむらのコーヒーを飲みに来てくれる人たちの中には、震災で大切な家族を失ったり、大ケガを負ったり、住む家や職場を失った人たちも少なくなかった。

しかし、不思議なことに、多くのお客様が、「ありがとう。にしむらのコーヒーがまた飲めてうれしいわ」「にしむら珈琲が店を閉めずに頑張ってるんやから、わしらも負けてられへんな」「店を開けてくれるのをずっと待ってたのよ、本当にありがとう」「にしむらの皆さんの顔を見たら元気が出てきたわ」……そういった、喜びや感謝の気持ちを声に出して伝えてくれた。

この店は既に、神戸の人々にとって、無くてはならない存在なのかもしれない。

さて、最も被害の大きかった中山手本店はというと……。平成7年（１９９５年）6月1日に営業を再開することが決まった。震災から4ヶ月と半月ぶりの開店だ。

当時の社長である吉谷博光は、一から建て替えることも考えたのだが、なんといってもにしむら珈琲の創業店舗であるばかりではなく、神戸に住む多くの人にとっての「ふるさと」のような店でもある。店内の内壁の一部には、神戸市内を走っていた市電の敷石が使われていたりもするのだ。

全国にいるご贔屓の方々から、「思い出の詰まったにしむらの本店を元のかたちのままで残して欲しい」といった励ましの手紙や義援金などが多く寄せられたことを受け、新たに鉄骨を入れて補強しながらも、可能な限り外観はそのままで修復工事を進めていた。

当時の朝日新聞の取材に対して、吉谷は次のように答えている。

「まるで文化財の復元工事のようでしたが、やはり神戸の思い出となる建物として残したかった。まだ避難生活をしている方も多く、豪華な新装オープンとはいきませんが、ひと時でも震災のつらい気持ちを忘れていただけるような、温かい雰囲気の店づくりをしたいと思います」

本店の営業再開を果たした吉谷は、その報告も兼ねて但馬の母親を訪ね、被災後に母から預かった大切なお金を、「ありがとう」の言葉と一緒に返却した。

第5章　変わりゆく時代に変わらないものを

相手の立場に添う優しさ

震災以降、創業者の川瀬は店の実務からは離れ、各店舗に顔を出しては従業員たちを労ったり、また励ましたりする日々を送るようになった。

しかし、根っからの仕事好き、店好きは変わることがなく、出向いた店舗では入口でお客様を迎えることも少なくなかった。

その頃の様子を御影店に勤務する池田セツ子さんはこう語る。

「震災から少し後、オーナーがお店に来られてレジの横でお客様をお迎えしておられた時期があるんです。淡いピンク色のお洋服を着て、上品にお化粧もなさって。当時、70歳を過ぎておられましたが、とてもきれいでした。また、オーナーがお迎えするとお客様が喜んでくださるんです。ふわっと優しい空気に包まれたような雰囲気になって……」

小手先の接客技術ではなく、まさに川瀬が何よりも大切にしていた「一期一会」の心がそこには在った。声に出さずとも、「あの大変な震災を乗り越えて、ようこそまた、こうしてにしむら珈琲店に来てくださいました」という感謝の気持ちだったのだろう。

川瀬にとっての一期一会は、お客様との関係だけではない。元号が昭和のうちは、川瀬にとって我が子のような世代の従業員がほとんどだったが、平成に入った頃から、川瀬にとって孫世代の従業員たちも増えてきた。

そういう若い従業員たちの姿が川瀬の目にはどう映っていたのか。昭和62年（１９８７年）、高校を卒業してすぐに入社した平岡昭二《ひらおかしょうじ》さんに話を聞いた。

「にしむらに入社したときの私はまだ10代でしたから、オーナーは雲の上の存在でした。勤務していた本店でお見かけすると、いつも笑顔で挨拶をしてくださるんですが、瞳の奥に強いものを感じたのが印象的でした。当時、私は上司に言われて月に一度、仕事をしながら感じたことなどをレポートにして提出していたんです。あるとき、オーナーが私を呼び止めて、『あなたが平岡君やね、あなたのレポートは少しもいい格好をせずに素直な気持ちで書いてくれてる。あなたが今、何に苦労して、何を頑張ってるのかがよくわかるから、毎回読ませてもらうのが楽しみなのよ。頑張ってね』と言ってくださったんです。感激しましたね。こんな新米が書いた小学生の作文のようなレポートを、ちゃんと読んでくださってるんや……と思って。10代の従業員にでも、上からでなく同じ高さに下りてきて、わかるように話をしてくださいました」

「その後、いろいろな経験を積めるようにといくつかの店舗に移動になったんですが、移動の度にオーナーが訪ねて来てくださって、『新しいお店はどう？　もう慣れた？』と、気にかけてくださいました。お店の数も増えて従業員もずいぶん増えていたのに、ありがたかったです。あ、そういえば、私が結婚するときも、私からオーナーにお話ししていたわけじゃなかったのに、わざわざ『平岡君、結婚おめでとう』と、お祝いに来てくださったのです。絶対に従業員をひとくくりにするようなことをせず、ひとり一人のことをしっかり見ておられたんだと思いますね」

もうひとり、1993年（平成5年）に大学を卒業して入社した上村泰彦《かみむらやすひこ》さんは、川瀬とのこんな思い出を聞かせてくれた。

「私は学生の頃からコーヒーが大好きで、全国をバイクで旅しながら喫茶店巡りをするほどでした。にしむらに入社してからも、美味しいコーヒーを淹れたいという気持ちが強くて、主に厨房業務を担当させてもらっていました。ですから、勤務店舗にオーナーがお見えになったときも、厨房からご挨拶をしに出るぐらいで、直接お話をさせていただく機会はあまり多くありませんでした。あるとき、私が日本スペシャルティコーヒー協会という社外組織の試験を受けて合格し、第1期生としてコーヒーマイスターの認定資格を取得したんです。受験することはオーナーにお話ししていなかったのに、オーナーがわざわざお店に来られて、『上村君よう頑張ったなぁ、おめでとう！』と、まるで孫が学校の受験にでも合格したかのように喜んでくださって……。あのときははじめて、オーナーのことをとても身近に感じさせていただきました。お店に来られてたまたま誰かに聞いたというのではなく、前もってご祝儀まで用意してくださっていたんです。相手にプレッシャーを感じさせることなく、従業員のことを常に優しい目線でちゃんと見てくださっていたんですね」

平岡さんと上村さんは、その後複数の店舗で勤務経験を積み、それぞれに店舗主任や店長の立場も経験した。これからのにしむら珈琲店を担う世代のひとりとして、現在も勤続中だ。

社員をリストラするぐらいなら私がリストラされるべき

家族が明日食べるために「家業」としてはじめた小さな店が、時代を経てずいぶん大所帯になった。

しかしこの会社は、オーナーの川瀬や社長の吉谷が、目の届かない、心の及ばない規模にまで拡げようとしたことは一度もなかった。また、店舗を増やしたとしても、こまめに足を運び、従業員ひとり一人のことを家族のように思い接してきた。広い範囲で店舗を増やし、従業員を単身赴任させて家族を引き裂くようなことはするべきでないというのが、川瀬と吉谷の共通した考え方だ。

前章で震災当時の話を聞かせてくれたベテラン従業員の古村武志さんが、吉谷や川瀬からいかに心をかけてもらったかを、昔を振り返りながらしみじみと話してくれた。

「私は今年、65歳になりました。にしむらとの出会いは学生時代にまでさかのぼります。九州の高校を卒業して東京でひとり暮らしをしながら専門学校に通っていたとき、原宿のコーヒー店でアルバイトをすることにしたんです。そこで可愛がってくれた先輩が、いずれ自分は店を持つから、そのときはお前にも手伝って欲しいと言ってくれました。じつは、その先輩は神戸のにしむら珈琲で修行した経験があり、本気で勉強をする気があるのなら、俺が頼んでやるからお前もにしむらで修行して来いと言ってくれて、それで神戸に来たんです。それがにしむらとのはじめての出会いでした」

「にしむらでは、コーヒーや喫茶店について勉強させてもらうことが目的でしたので、1年間という約束でした。よそ者の私に、当時の吉谷専務は惜しみなくいろいろなことを教えてくれました。1年後、にしむらを紹介してくれた東京の先輩のところへ戻ったのですが、事情があってその方とは一緒に働けなくなり……。途方に暮れた私は、若かったんですね、無謀にもお金を貯めて自分で店をはじめようと考えました。マグロの遠洋漁業の船に1年間乗って資金をつくろうと、手続きを済ませて乗船の準備をしていたところ、どうやって居どころを調べたのか吉谷専務から電話があったんです。『お前は今、何をしとんのや』と。じつはこうこうで、マグロ漁に出ることにしましたと話すと、『お金があるからいうて誰でも店を出せるもんじゃない』と叱られて、『今から行くから東京駅で待っとれ』と電話を切られてしまいました。仕方がないので東京駅で新幹線が着くのを待ち、食事をご馳走になりながら、本当に親身に話をしてくださいました。専務はたまたま東京に用事があったとおっしゃっていましたが、あれはたぶん私に気を遣わせまいとする方便だと思います。あのときのことを思い出すと、今でも胸が熱くなりますね」

結局、古村さんはマグロ漁船に乗ることを思いとどまり、再び神戸に来て、にしむら珈琲店で働くことになる。

「スタートは中山手の本店でした。とにかく忙しくて、前の通りを歩いている人は全員が店に入って来るんじゃないかというような、そんな時代でしたね。当時は吉谷専務もお店で一緒に働いておられたので、本当に多くのことを教えてもらいました。夜の十一時に営業が終わって店を閉めると、私たちと一緒に掃除をしながら、ひとり１人に話しかけておられました」

「川瀬オーナーは当時、会長という立場で既に一線からは退かれて、全店舗を見てまわっておられました。直接お話しをする機会は多くはありませんでしたが、お会いするとちゃんと名前を呼んで声をかけてくださいました。一度、私を店の奥に呼んで、『古村君、お客様にお辞儀するときは頭をここまで下げなあかんよ』と、私の頭に手を当てて押して教えてくださったんです。そのやさしい手の力は今も懐かしく思い出せます。そうやって、きちんと指導もされる反面、褒め上手でもありました。『古村君はほんまによく気が付くし、目もよく見えてるなぁ。背中にも目が付いてるんと違う？』なんて褒めてくださったり、私を喜ばせようと思ってか、『これからあんたのことは〝ミスターにしむら〟って呼ばせてもらうわ』なんて言ってくださったこともありました」

「もうひとつ、川瀬オーナーとの忘れられない思い出があります。勤めはじめて結構経ってからですが、それまで私は女性とお付き合いするような経験があまりなくて、吉谷専務からも『いい相手はおらんのか？』と声がかかるほどでした。あるとき、仕事が休みの日に珍しく女性友達を店に連れて行ったことがあって、それをオーナーが偶然ご覧になられたんでしょうね。しばらくしてオーナーが私を呼び止めて、『古村君、北野坂に部屋を用意したからね』とおっしゃったんです。何のことかわからないまま、言われた住所に行ってみると、マンションの一室に『古村』という表札が掛かっていました。オーナーはてっきり私が結婚相手を店に連れて来たのだと勘違いされたようです。社員数も増えた今ではあり得ない話ですが、当時のオーナーの、従業員に対する親心だったのでしょう。理想論に聞こえるかもしれませんが、当時は吉谷専務も、『社員が一生住宅ローンに追いかけられるような会社にはしたくない』と、ことあるごとに言っておられました」

古村さんはその後もにしむら一筋で、勤続40年を越えるベテランだ。ちなみに、にしむら珈琲店には店側が決めた定年制度がない。60代、70代の現役従業員が何人も在籍し、各店舗で主力として活躍している。

巷《ちまた》にあふれる飲食店やカフェの多くは、正社員よりもアルバイト従業員の方が圧倒的に多いのだが、にしむらは業界でも異色といえるほど社員の比率が高い。年度によってはアルバイト従業員よりも社員の方が多いほどだ。

現在の会長、吉谷博光は口癖のようにこう言う。

「頑張っていきいきと働いている社員をリストラするぐらいなら、最初に私がリストラされるべきだ」

繊細さと大胆さ

平成18年（2006年）5月、中山手本店は1年3ヶ月の休業期間を経て全面建て替えが完了し、センター街店と併合するかたちでリニューアルオープンした。

傷を負いながらも震災を乗り越え、補修工事を施して営業を続けてきた本店の旧店舗だったが、老朽化が進み、いよいよ建て替えとなった。

平成 18 年（2006 年）5 月にリニューアルオープンした中山手本店

新しい本店は5階建てとなり、1階から3階までが店舗で4階と5階はオフィスだ。客席は110席から170席に増えたが、椅子やテーブルは旧店舗で大切に使っていたものも再利用している。

本店の全面建て替えについて、会長の吉谷はこう語っている。

「本店を休業して全面的に建て替えるために、またお金をずいぶん使いました。しかし、ここは創業者の川瀬が戦後すぐに店をはじめた大切な場所であり、また、私の家内が暮らし育った、思い出の詰まった場所でもあります。ですから、どうしてもここに思い出を残しておきたいと思いました。そして、せっかくこれからもこの場所でやるのなら、以前の趣を残した建物にしようと、ドイツの木組み建築をモチーフにしたのです。内装やエレベーターなども、ドイツの古い建物を参考にしています」

さて、創業者の川瀬だが、80代になってからも、1日たりとも店のことを忘れる

外観だけでなく内装もドイツの建築物をモチーフにしている

ことはなかった。御影の自宅で過ごす時間が多くはなったものの、外に出かける際には必ず、どこかしらの店舗に顔を見せていた。

晩年になってからも川瀬の好奇心と向上心は一向に衰えることがなく、杖をついて英会話を習いに出かけるほどのバイタリティーがあった。

川瀬といえば、仕事一筋の印象を持たれることも多かったのだが、じつは多彩な趣味人でもある。代表的なのは、エッグアートといわれる卵の殻を使った装飾工芸と、木彫りの

木彫りやエッグアートの作品は、現在も北野坂店や御影店などで一部見ることができる

家具や小物づくりだ。

　エッグアートのほうは繊細かつ緻密な作業で、もう一方の木彫りは大胆かつ力強い作業だ。

　この代表的な2つの趣味で川瀬が一度だけ個展を開いたことがあり、新聞やテレビなどでも紹介された。取材に訪れた記者が作品を見て、繊細さと大胆さの差があまりに著しかったため、思わず「これは2人展ですか?」と訊ねたらしい。

　繊細さと大胆さ、まさに川瀬喜代子そのものだ。

　席を立った客のコーヒーが冷めては

いけないからと、そっとカップに蓋をする一面。かと思えば、営業を妨害しようと店に乗り込んで来た輩《やから》を相手に、「ここは店の中やから外で話つけましょ。表に出てちょうだい！」と啖呵《たんか》を切る一面。

その両面をバランスよく持っていたからこそ、こうして店を育て上げることができたのだろう。

川瀬から個展の案内状を受け取った女優の杉村春子さんが、次のような一文を寄せている。

「公演で神戸へ行ったとき、川瀬さんから美しい卵の細工物をいただきました。川瀬さんがそれをおつくりになったと聞いて本当に私びっくりしてしまいました。あのお忙しい方がどうしてと思ったんです。楽しみにつくっているんですよと、あの笑顔でおっしゃいました。この春、川瀬さんからエッグアートと木彫の個展をするからと、卵と木彫りの『シンデレラの馬車』の写真のお便りが来ました。私は２

度びっくりしてしまいました。あまりにも美しく夢のようなその作品が、川瀬さんのおつくりになったものだと思えませんでした。エッグアートだけではなく、木彫で大きな作品までをおつくりになると伺って、3度びっくりしてしまいました。時間ができたから何かするのではなくて、心を豊かにする時間をつくり出すのだとおっしゃったと伺いました。可愛いお人形と一緒に香り高いコーヒーを飲める北野のお店、私は大好きです。いつも美しいものを求めて前を向いて歩いていらっしゃる川瀬さん。あんまりお忙しくてお体にお障《さわ》りがないように、それだけご注意くださって、精一杯のお仕事(両方)なさってくださいませ。いやなことばかりの世の中に、楽しい美しい夢を見せてくださいませ」

もっともっとそばにいたかった

平成21年(2009年)6月、川瀬はにしむら珈琲店で苦楽を共にした元従業員たちが開いたOB会に出席した。

毎年、6月の第3日曜日に集まることになり、既にOB会はこのとき12回目を迎えていた。元従業員の清水房代さんの元へは、正月が来る度に、「今年もまた6月になったら皆に会えるんやなぁ。楽しみやなぁ」と、川瀬から電話が入った。

この年、川瀬は満90歳。OB会では我が子にも等しいような懐かしい顔に囲まれて、本当に幸せそうだったという。

12回目のOB会から半年後。平成21年（2009年）12月15日、にし

2008年に開かれた第11回OB会

2009 年に開かれた第 12 回 OB 会。川瀬が参加する OB 会はこれが最後となった

むら珈琲店創業者、川瀬喜代子さん逝去。

開店当時の石屋川店を任され、石屋川店を御影店に併合した後はずっと御影店に勤務している池田セツ子さんが、川瀬と過ごした最後の時間を振り返ってくれた。

「亡くなられる1ヶ月ほど前だったでしょうか、入院された病院を訪ねるとオーナーは静かに眠っておられたので、私はそばに座って、オーナーとの記憶をひとつ一つ大切に思い出しました。私だけでなくすべての従業員やOBの方が、オーナーから愛された思い出や物語をたくさん持っていると思います。いや、従業員ばかりか、にしむらを愛してくださる古くからのお客様も同じではないでしょうか。私は、多くのお客様からオーナーとの思い出を聞かせていただき、お店やオーナーの魅力をお客様から教えていただきました」

「窓の外では音も無く小雨が降っていました。あまりに気持ちよさそうにお休みだったので、今日はそのまま帰ろうかなと思ったとき、オーナーはそっと目を開けて、『セッちゃん、来てくれてたんか』とおっしゃって、私は『はい』と答えました。それが最後の会話になりました。残された時間、もっともっとそばにいさせてもらいたい気持ちもありました。けど、それよりもきっとオーナーは、私がお店に立って明るくお客様をお迎えすることを望んでおられるだろうなと感じました」

数日後、生前に縁のあった多くの人たちと、川瀬がつくったエッグアートや木彫りの作品たちに囲まれて、宗教色のない送る会がしめやかに営まれた。

川瀬喜代子が遺したもの

川瀬喜代子が遺したもの。にしむら珈琲店とその従業員たちは言うまでもない。そしてまた、にしむらを巣立って日本全国で喫茶店や珈琲店を営むＯＢたちもいる。

先にも登場したＯＢの清水房代さんは、川瀬が白い割烹着を着て店に出ていた時代の従業員だ。結婚を機ににしむら珈琲店を退社したが、お見合いをした後、結婚を決めるときにも川瀬に相談し、また、川瀬がその相手に会ってくれて、お墨付きをもらえたことで結婚に踏み切れたのだという。

にしむら珈琲店を退社した翌年、清水さんは神戸市内にご夫婦で喫茶店を開業した。「まちかど」という屋号も店の内装も、川瀬と当時のにしむらの専務であった吉谷博光に相談して決めた。

清水さんが、にしむら珈琲店や川瀬に対する思いを語ってくれた。

「にしむらを辞めた後、夫婦で喫茶店をはじめました。到底、追いつける相手ではないとわかっていながら、私の中には、川瀬オーナーのようになりたい、川瀬オーナーのようでありたいという気持ちが常にありました。お客様のことを何より大切に考えながらも、決してお客様の心の中にまでズカズカと入り込むようなことをなさらず、ご自身とお客様とのいちばん心地よい距離を常にわきまえておられる、本当に素敵な方でした」

「川瀬オーナーは立派な経営者ですが、その一方でごく平凡な主婦的感覚も大切になさっていました。日本ではじめてストレートコーヒーを豆で販売したのがにしむら珈琲店でしたが、昔から最高級の豆を仕入れておられました。お店で産地の違う数種類の豆をブレンドするのですが、それぞれの豆の分量比率が違うため、どうしても混ぜ残りが生じてしまうのです。比率的に残りはしても、いい豆には違いがないのでもったいない。それならば新鮮なうちにお客様にお分けしたいというのが、ブレンドをしていない銘柄ごとのストレートコーヒーを販売したきっかけです。また、コーヒーゼリーを先がけてお店のメニューに出したのもにしむらでした。お客様にお出しするコーヒーは点《た》ててから何分以内のものというお店の決まりがあって、それを過ぎれば処分していたのですが、ただ捨ててしまうのでなく二次的な品物にしてお客様に喜んでいただけないかという、台所を預かる主婦的な発想からコーヒーゼリーが生まれました。そういう主婦的で細やかな感覚も、私は川瀬オーナーに教えていただきました」

清水さんのお店「まちかど」は、にしむらで学んだ多くのことを活かし、平成23年（2011年）の閉店まで41年間、地元の人たちに愛される人気店だった。

もうひとり、にしむらを巣立った後に兵庫県の小野市で珈琲店を営んでいるOBを紹介しよう。「クレオール珈琲店」の店主、東羅利行《とうらとしゆき》さんだ。

「私は地元の高校を卒業してすぐ、18歳のときににしむら珈琲店の採用面接を受けて入社しました。本店がまだ小さく可愛いお店だった時代です。寮の住み込みでしたので、毎日、夜遅くまで働きましたね。当時、お店のすぐ裏に昔ながらの銭湯があって、銭湯帰りの方がよくコーヒーを飲みに来てくれました。よっぽど居心地がよかったようで、なかなか席を立たれなかったんです。当時、オーナーはお客様が帰られるまでは絶対にお店を閉めなかったので、閉店までお店の奥で、アイスクリームの仕込みを一生懸命につくっていたことを思い出します」

「オーナーからはたくさん怒られた記憶もありますが、私もオーナーもお互いに根に持たない性格だったので、次の日にはケロッとして仕事をしていたように思います。今から思えば失礼だったかもしれませんが、私はにしむらに在職中、オーナーのことをずっと『おかん』と呼んでいました。それを許してくれる懐の深さがあったのでしょうね。結局、にしむらには11年間勤務して、退職後に結婚しました。結婚式にはオーナーもはるばる来てくださったんですよ。『他でもないあんたのためやから、今日は上から下まで全部新調したのよ』と満面の笑顔で言ってくれて、嬉しかったですね。不思議なもので、退職してからもずっと『おかん』とはお付き合いさせていただきました。年に2回ほど御影のお宅に家族で押し掛けて、子供のことも可愛がってもらったし、私の家内のこともいつも、『なんであんたに、こんないいお嫁さんが来てくれたんやろうなぁ』と褒めてくれました」

「夫婦で店を開くことになり、にしむらでの11年の間に叩き込まれたことが本当に役に立ちました。お客様の口に入るものだから、食材は最高のものをしっかり選んで使う。季節に応じた旬のいちばん美味しいものを使ったメニューを出す。そういったことは全部、にしむらで教えられたことです。にしむらにも季節の果物を使った人気のジュースメニューがありますが、私の店でも同じです。たとえば、春先のいちごメニューなど、出始めの旬のいちごを使うと原価が高くて赤字になるんです。けど、長い目で見て損にならないのなら、目先の損は気にせず、まずお客様にそのときのいちばん美味しいものを味わっていただくのが本当の商売人だと、川瀬オーナーから教えられました。そういったことを守ってやってきたおかげで、今もお客様から愛される店でいられるのだと思っています」

東羅さんは自分の店を開いて32年。今日も香り高いコーヒーをお客様に出している。お店入口の左横にコーヒーの焙煎室を設けた造りは、にしむら珈琲本店の旧店舗を彷彿させる。

これからのにしむら珈琲店

平成27年（2015年）、川瀬の跡を継いでにしむら珈琲店をまとめてきた吉谷博光が社長職を退き、会社を二人の息子たちに託すことを決めた。長男の吉谷啓介《よしたにけいすけ》さんを社長に、次男の吉谷修作《よしたにしゅうさく》さんを副社長に任命したのだ。

そのいきさつを、会長となった吉谷博光が聞かせてくれた。

「平成27年の2月9日、最愛の妻がガンで亡くなりました。自分の残された命がどれぐらいなのかを、妻はすべてわかっていました。妻は創業者、川瀬喜代子の長女です。芯の強さは母親譲りなのか、母娘が共通して、『長生きするよりも生き様が大切だ』と言っていました。妻は、結婚したときから、私はお店は一切手伝わないと言い切りました。お店に関心が無かったのではなく、誰よりもお店のことを大切に思っていました。おそらく、店に立たなかったのは、自分の両親を見ていたからだと思います。両親は夫婦で同じ職場に立ちうまくいかず離婚したのです」

「妻が亡くなる前に夫婦で話をしたときに、私はにしむらの経営者として何ができたのかを自問自答しました。私は、震災のときにすべての店舗が被害を受けながらも、なんとか全店舗を復興させたことをあげました。妻は、もちろんそれも嬉しかったけど、2人の息子たちが普通の人間に育ってくれたことがいちばん嬉しいと、そう言いました。それを聞いて私は、会社を息子たちに譲ると、妻に告げました」

「息子たち2人は、兄弟といってもタイプがまったく違います。違うからこそちょうどいい、妻も笑いながらそう言いました」

新たに社長となった吉谷啓介さんは、地元神戸で大学を卒業した後、父親の博光さんがにしむら珈琲に入る前に勤めていたＵＣＣ上島珈琲に入社した。最初の２年は東京で自販機の管理から配送業務なども経験した後、後半の２年は、東京の喫茶店や飲食店をまわる営業の立場で様々な現場を見て学んだ。

上島珈琲を退職後は神戸に戻り、にしむらに入社して店舗業務などの経験を積んできた。現在は、父の跡を継ぎ社長として、主に店舗管理や人材管理などを担当している。

これからのにしむら珈琲店について語ってもらった。

「仕事でお会いする多くの方々から、創業者である祖母の話を聞かせていただくのですが、祖母が仕事の現場を離れてから、また他界してからも、既にずいぶん時間が経っています。そうであるにもかかわらず、『川瀬さんは……』と、名前をあげてお話しいただけるのは本当に凄いことだと思います。そういった方たちに愛していただきながら、この会社の根底にあるものは、やはり祖母が何よりも大切にしてきた、そして父が受け継いできた『一期一会』の精神です。それはやはり、これからも守っていかなければならないものだと痛感しています」

「にしむらのような、昔ながらの喫茶店というスタイルを貫く店は生き残ることが難しい時代でもあります。たとえば、本当に美味しいラーメン屋さんは、多少場所が不便でも、サービスが行き届いていなくても、お客さんは食べに行きたいと思います。ところが、喫茶店というのは、商品とサービスと、場所を含めた店舗管理、この3つのバランスがしっかり取れていてはじめて生き残れるのではないでしょうか。そんな中で、にしむら珈琲店というのはやはり、『人』あっての会社だと思うのです。社員採用は人に任せることができず、毎年、私が直接学校をまわって、就職担当の方との繋がりも絶やさないようにしています」

「お店を、そして会社を経営していく上で、店舗ごとの売り上げや来客数はいうまでもなく大事なことです。前月や前年度と比べてどうだったかというような、そういう分析も必要です。ただし、数字ばかりを重視する会社にはしたくありません。ノルマに縛られた社員やスタッフが、お店で楽しい雰囲気をつくり出せるとは思わないのです。従業員が仕事を楽しめてこそ、いい雰囲気のお店になり、お客様にも喜んでいただけると信じています」

一方、新たに副社長となった吉谷修作さんは、京都の大学を卒業した後、ヨーロッパに渡り４年間、オーストリアのウィーン、ドイツのベルリンやブレーメンなどで語学を学びながら、その国、街ならではのカフェ文化などを見てまわった。

幼少の頃から、家業は継がなくてもいいと言われていたが、帰国後はにしむらの新規事業であったケーキ部門の責任者として、神戸御影に洋菓子店「セセシオン」を立ち上げた。現在、にしむら珈琲店で出されるケーキや焼き菓子はすべて、セセシオンの製品だ。

社内では主に、コーヒー豆の仕入れやメニューの管理を担当し、同時にケーキ事業と新たにスタートしたパン事業も担当している。
これからのにしむら珈琲店について話を聞いた。

「昭和47年（1972年）生まれの私は、物心が付いたときには、既に現在のにしむら珈琲店がある意味確立されていました。祖母である川瀬喜代子は、お店ではいきいきと働く経営者であり、自宅に帰ってくると美味しそうにビール

孫たちに囲まれると優しいおばあちゃんの顔に……

を飲みながら阪神タイガースを応援する、普通のおばあちゃんでもありました。そんな祖母や、祖母を支える父の姿を見ながら、にしむら珈琲店がどういうお店なのかを自分なりに理解してきました。とくに商品に対しては、一切の打算は働いておらず、祖母自身が、また父親が、本当に美味しいと感じたものだけをお客様にもお出ししたいという、純粋な気持ちを頑に貫いてきたお店です。そうした原点は、これからもしっかり守っていくべきだと感じています」

「いつからか、喫茶店というのは多くの人たちにとって目的地ではなく、待ち合わせのための場所になっていました。しかし、ひとり一人がスマートフォンや携帯電話を持ち歩く今、昔のように喫茶店で待ち合わせをしなくても、お互いに連絡を取り合ってどこででも落ち合える時代です。そうなると、喫茶店は単なる通過点ではなく、目的の場所になり、時間を過ごすための場所になったとも言えるのではないでしょうか。そういう意味で、私たちはお客様にいい時間を過ごしていただける環境や雰囲気を提供しなければなりませんし、もちろんそれに相応しい商品を提供できるお店でないといけないとも思います」

「にしむら珈琲店が創業70年になる今、神戸には、にしむらなどとは比べものにもならないような、長い歴史のあるお店や会社がたくさんあります。酒造会社であったり、お菓子の会社であったり……。しかし、そういった歴史のある会社ほど、伝統を守りつつ、しっかりと未来を見据えた斬新《ざんしん》な取り組みもはじめています。そう思うと、にしむらも60年や70年で、お店や会社のかたちを固定してしまってはいけないという気持ちもあります。私は平成20年からケーキ事業に携わらせていただいて、コーヒー屋のケーキ部門や、ケーキ屋の母体のコーヒー店といったくくりに縛られないながらも、双方の存在を独自の強みとして、共に高め合える関係を模索してきました。これからは新たにはじまったパン事業も含めて、より強みと魅力のある会社にしていきたいと考えています」

お客様の心に届くサービス

70年という歴史の重さを感じながらも、今、にしむら珈琲店は新たな時代を迎えようとしている。にしむらの現場ともいうべき店舗に立ち、今日もお客様を迎えている者たちの声を改めて聞いてみよう。

◎勤続25年の上村泰彦さん

「創業70年の今、確かに世代交代という現実はあるかもしれませんが、神戸を中心にこれまで築き上げてきた、にしむら珈琲店の歴史や文化はしっかり受け継いでいかなければいけないと思っています。喫茶店に来てくださるお客様は、お蕎麦屋さんに蕎麦を食べに行ったり、お寿司屋さんに寿司を食べに行くのと並列ではなく、『コーヒーを飲むひととき』という貴重な時間を買いに来てくださっているのだと感じることがよくあります。ならば、そこでお客様をお迎えする私たちは、どのように接すればいいのかを考えなければなりません。創業者の川瀬がいつも、『いちばん大切なお客様を、あなたのお家にお迎えしていると思いなさい』と言っていました。自信を持ってお勧めできるにしむらのコーヒーを、お客様に召し上がっていただけることに喜びを感じながら、また今日の仕事を楽しみたいと思います」

上村さんは、あるときお客様が残して行かれたひと言を、今でも心の中で宝物のように大切にしている。

「おひとりでご来店くださった女性のお客様が、お帰りの際に伝票の裏にこんなメッセージを残してくださったんです。『知り合いのいない神戸の街をひとり旅。店員さんがまっすぐに目を見て挨拶をしてくれたのが嬉しかった。素敵な旅になりそう』……なんでもない当たり前のことが、お客様の心に届いたのかと思うと、とても嬉しかったです」

◎勤続31年の平岡昭二さん

「コーヒーのコの字も知らなかった私が、こうして30年以上も勤続できているということに私自身が驚いています。間違いなくこのにしむら珈琲店が魅力的なお店であり、会社であったからだと思います。もともと人と接することは好きでしたが、接客を仕事として考えると、今でも難しさを感じます。にしむらには、お席を立たれたお客様のコーヒーカップに蓋をしたり、おひとりでお見えのお客様がオーダーをお待ちの間に読み物をお勧めするといった独自のサービスがあります。それを喜んでくださるお客様もたくさんおられますが、私たちが当たり前だと思って押し付けてしまうと、サービスどころかご迷惑になってしまうこともあるのです。けれど、お客様のお気持ちにうまく寄り添うことができたときには、そのお客様にとってここが、本当に居心地のいい場所になり得るということを学びました。お客様が何を欲しておられるのかに気付くことができる感性を、これからも磨いていきたいと思います」

平岡さんは、お客様からご来店の度にお声をかけていただけるようになれたことを大きな喜びに感じたという。

「ずいぶん前のことですが、私が本店に勤務していた頃、どこかでお見かけしたように感じるお客様がお見えになりました。私は大の野球好きでスポーツ新聞なども隅々まで読んでいたのです。そのお客様は、当時のオリックス・ブルーウェーブに在籍しておられた鈴木一朗選手、後のイチロー選手でした。たまたまお会計のときに、『オリックスの鈴木選手ですね、ご来店ありがとうございます』と、ご挨拶させていただきました。イチロー選手がまだ一軍で活躍される前の時代でしたので、他の従業員は誰も知りませんでした。その後もご来店くださる度にイチロー選手の方からお声をかけてくださり、それはメジャーリーガーとして渡米される直前まで続きました。もちろん、お客様と従業員という関係をわきまえた上での短いやり取りでしたが、私にとってはとても幸せな時間でした。どんなお客様であれ、私のことを覚えてくださり、ご来店の度にお声をかけていただけるのは、にしむらの従業員として誇りに感じます」

お客様の大切な思い出や物語の中で仕事を

にしむら珈琲店は、他の喫茶店と一体何が違うのだろう。

勤続45年になる古村武志さんが、こんな話を聞かせてくれた。

「私が中山手の本店に勤務していた頃の話です。20歳前後のお若い男性のお客様がひとりでお見えになられました。コーヒーをお持ちしたときでしたか、お客様が『いいお店ですね』と、お声をかけてくださり、私は『はじめていらしてくださったんですか』とお訊ねしました。すると、お客様はこうおっしゃいました。『じつは、僕の父がこのお店で母にプロポーズしたんです。母に父との馴れ初めを聞いたときに、神戸のにしむら珈琲店でプロポーズされたのよと話してくれました。それで僕も一度行ってみたいとずっと思っていたんですが、今日、念願が叶って来ることができました』」

「そういえば、こんなお客様もおられました。これも本店でのことです。いつもご年配のお母様と一緒にコーヒーを飲みに来てくださる男性のお客様がおられたのですが、その日は息子さんがおひとりでお見えでした。しかし、ご注文はいつものにしむらブレンドを2つ。私はお母様が遅れてお見えになるのかと思い、『カップに蓋をしましょうか』とお訊ねしたのです。すると息子さんは、『いえ、結構です。どうもありがとう。じつは先日、母が亡くなりました。今日は、母の大好きだったここのコーヒーを、また母と一緒に飲みたくなって……』とおっしゃいました。私は心の中で『また、いつでもいらしてください』と申し上げました」

「これは、ハーバーランド店で、結構最近のことです。お若いご両親とお子様がお2人、テラス席のテーブルにお掛けになられました。ご注文はコーヒーが2つと、パフェが３つ。お父様かお母様のどちらかが、コーヒーとパフェも召し上がられるのかなと思ったのですが、どうも違うようです。３つ目のパフェを、『どちらに置かせていただきましょうか』とお訊ねすると、『ここにお願いします』とおっしゃられた席に、ちいさなお子さんの写真が置いてありました。『今日はこの子の命日なんです。にしむらさんのパフェが大好きだったので、みんなで食べに来ました』とおっしゃいました」

そして、最後に古村さんはこう呟いた。

「……こうして考えてみると、私たちはお客様の大切な思い出や物語の中で仕事をさせていただいているのかもしれませんね。いやぁ、幸せなことです」

創業者の川瀬は、「あなたたちは舞台の上に立っているのと同じやと思わなあかん。……日本一のウエイトレス、ウエイターを、誇りをもって心を込めて、演じるつもりでお店に立ちなさい」と言った。

にしむら珈琲店の従業員たちの左腕には、この店の象徴でもあるミルマークのワッペンが付いている。しかし、従業員たちはそれぞれの名札を付けてはいない（一部テナント店舗は商業施設の規則に準じて名札を付けている）。そこには、従業員たちひとり一人がこの店の顔であり、代表であって欲しいという願いが込められているのではないだろうか。

従業員たちの左腕に付けられたミルマークのワッペン

エピローグ

にしむら珈琲店の創業者、川瀬喜代子は晩年に受けたインタビューでこんなことを言っている。

「もし、私がこのお店をはじめていなかったら、お会いすることができなかったであろう大勢の方々と、こうして出会わせていただきました。にしむら珈琲店を可愛がってくださるお客様はもちろんのこと、従業員のひとり一人に対しても、ご縁のありがたさを感じます。本当にいろいろなことがありました。私は、既に人生を7回か8回、生きさせてもらったような気がしているんです。人間、どんな人でも、亡くなって棺に入るときには名誉も財産もなく、生まれたままの裸です。だとしたら、後悔のない、キラキラした毎日だったなぁと思えるような、そんな人生が、本当に幸せな人生じゃないでしょうか」

山手にある霊園からは神戸の街と海が見渡せる

すべての出会いに感謝し、出会った人を最高の応接間にお迎えし、心地よく過ごしていただきたい……。ただただ純粋無垢なその思いが、川瀬喜代子という人の、人生そのものだったのかもしれない。

川瀬は存命中に、いつの日か自らが眠ることになるちいさな墓を準備していた。

神戸の街を見渡すことができる山手の静かな霊園に建つシンプルな墓石には、家紋の橘ではなく、思いが込められたミルマークが刻まれている。そしてそこには、川瀬本人の筆跡でこう記されていた。

神戸を愛し
珈琲をこよなく
愛した人
ここに眠る

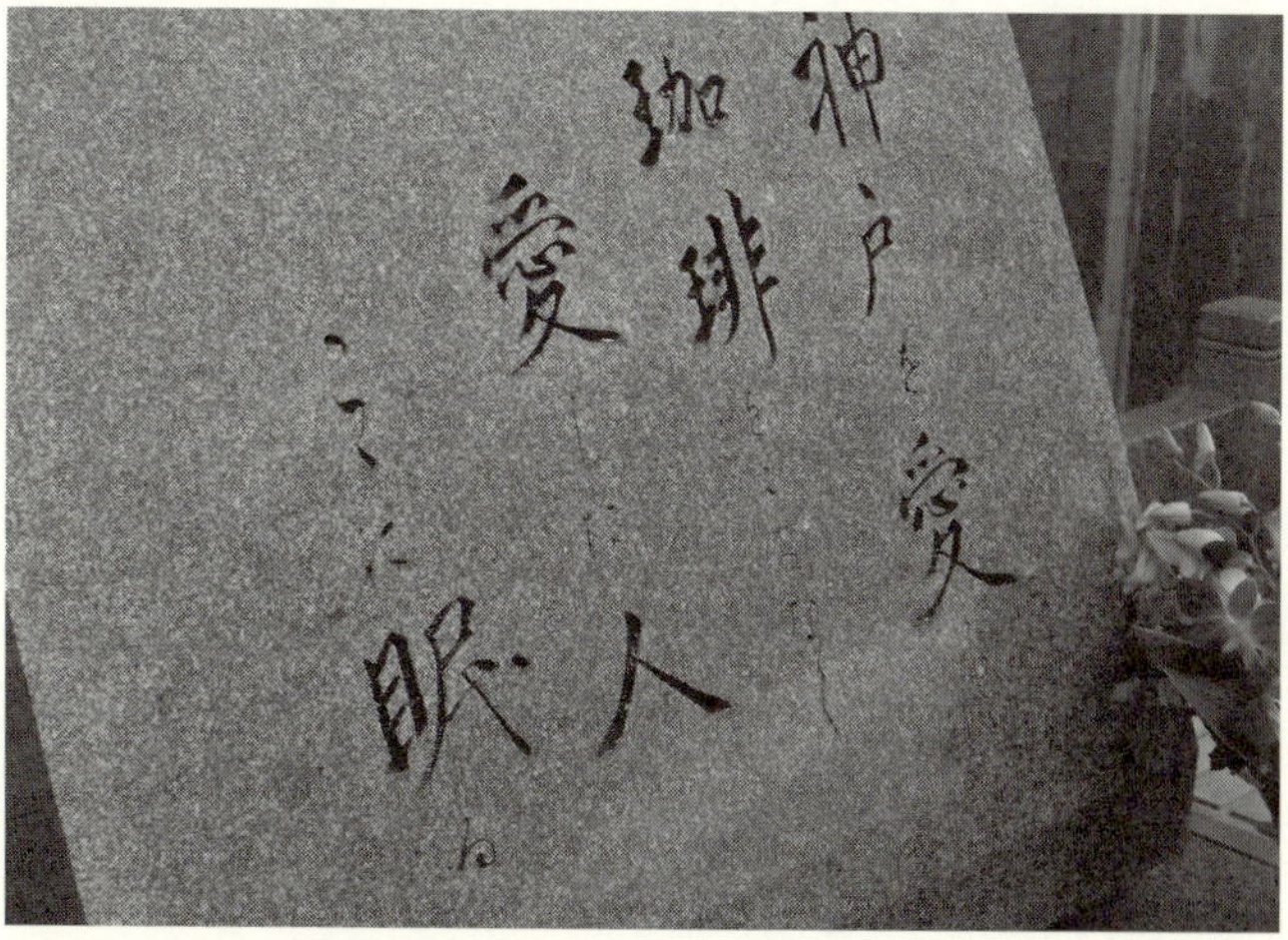

あとがきに代えて……「私の中のにしむら珈琲店物語」

京都にある美術学校の学生だった遠い昔のこと。飲み会が盛り上がって大阪の家まで帰る最終電車を逃してしまい、先輩のアパートに泊めてもらった。先輩は神戸生まれの神戸育ち、いわゆる「神戸っ子」で、部屋に雑魚寝をしてこんな話を聞かせてくれた。

「おまえに彼女ができたら最初のデートは神戸がいい。異人館巡りのあと、にしむら珈琲っていう喫茶店があるから、そこは絶対に外すな。でな、ホットコーヒーが運ばれて来たらおまえだけ一度席を立て。コーヒーが冷めんように、店の人がさりげなくカップに蓋をしてくれる。それを見た彼女は絶対に感激するはずや」

「何ですかそれ。めっちゃ親切な店ですね！」彼女ではなく、まず私が感激した。

「それだけやないで。彼女のためにケーキを追加注文してやれ。そのとき『膝掛けもお願いします』って言うんや。彼女のスカートが汚れんように、店の人が膝掛けを彼女に持ってきてくれる。どや？　神戸にはそんな喫茶店があるんや。『素敵なお店を知ってるね』って、おまえを見る彼女の目が変わるぞ」

「行きたいです、にしむら珈琲！　場所はどこですか？」

「歩いてる人に聞いたらええ。神戸の人間やったら誰でも知っとぉわ」

こうして、私の中に「にしむら珈琲店」という名が深く刻まれた。しかし、残念なことに神戸のデートに誘える彼女はすぐにはできなかった。

数年後に男女の友人グループで神戸の異人館を訪れたとき、私は先輩の話を思い出し、友人たちとにしむら珈琲の中山手本店に入った。夏だというのに私だけはホットコーヒーを注文し、用も無いのに席を立ちトイレに入った。
席に戻ると、何やら友人たちの会話が弾んでいる。話のタネは私のコーヒーカップにさりげなく載せられた蓋だった。先輩が私に見せたのと同じ自慢げな顔を、私が友人たちに見せたのは言うまでもない。

そんな思い出を持つ私が、36 年後に不思議なご縁でにしむら珈琲店の本を書かせていただくことになった。従業員の方たちを取材しながら、勤続30年、40年という方がひとりやふたりでないことに驚くのと同時に、「あの夏の日、私のカップに蓋をしてくれたのは、もしかしてこの人かもしれない……」と、秘かにロマンを感じさせてもくれた。

原稿を書きながら取材音源を聴き返していると、レコーダーが偶然、隣のテーブルの客の会話を拾っていた。「いいお店でしょ。神戸だけでも何店舗かあるんだけど、どのお店に行っても落ち着けるのよ」 遠方から神戸を訪れた知人を連れて来店した女性、というのが容易に想像できる会話だった。我が家に迎えた大切な友人を自慢の応接間でもてなしているような、そんな会話だ。

にしむら珈琲店という店は、神戸っ子にとって我が家の応接間なのかもしれない。そんなことを感じつつ、この店の歴史を探ねてみると、創業者の川瀬喜代子さんが焼け野原のバラックのような建物に看板を掲げた70年前から、少しもブレることなく店の使命を果たし続けてきているように思える。

取材の中で、中山手本店に勤務する高城由美子さんがこんな話を聞かせてくれた。

「川瀬オーナーは亡くなられる直前まで、

旧本店の2階で川瀬さんが暮らした頃、窓からはどんな景色が見えたのだろう

本店に来られると必ず、2階の窓際の5番テーブルに座って静かに窓の外を見ておられたんですよ。私は今でも、そのテーブルにオーナーが掛けておられるような気がして、仕事に入るとまずご挨拶するんです」 そのテーブルに掛けてみると、窓から見えるのは中山手通りを行き交う車とビル群だった。しかし、川瀬さんの目には、数えきれないほどの大切な思い出や、素敵な物語が映っていたに違いない。

今日もまたこの店では、コーヒーの香りに包まれて、たくさんの人たちの物語が紡がれていくのだろう。

本書の出版にあたり、お忙しい中、こころよく取材に協力してくださったにしむら珈琲店の吉谷博光会長、吉谷啓介社長、杉之原美智子さん、川瀬徹さん、そして従業員の皆さん、OBの皆さんに厚く御礼申し上げます。なかでも多大な時間を割いてくださった吉谷修作副社長には心から感謝しております。

2016年12月15日　日野 嗣士

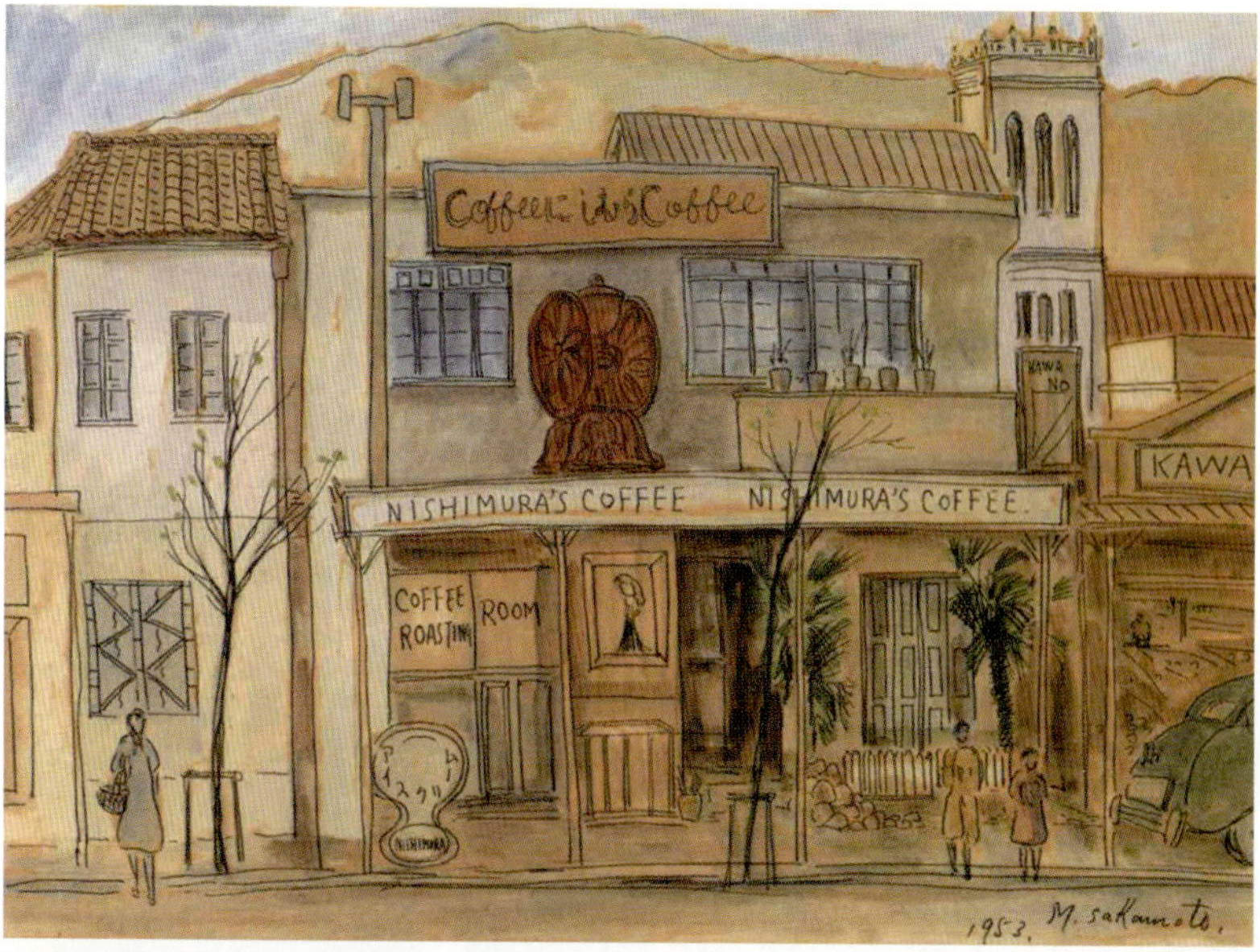

坂本益喜画伯が描いた 1953 年頃のにしむら珈琲店

店の前で子供たちと一緒に……

どんなに忙しくても疲れた顔を見せることはなかった

にしむら 珈琲店

NISHIMURA'S

今日もまた、たくさんの物語が生まれる

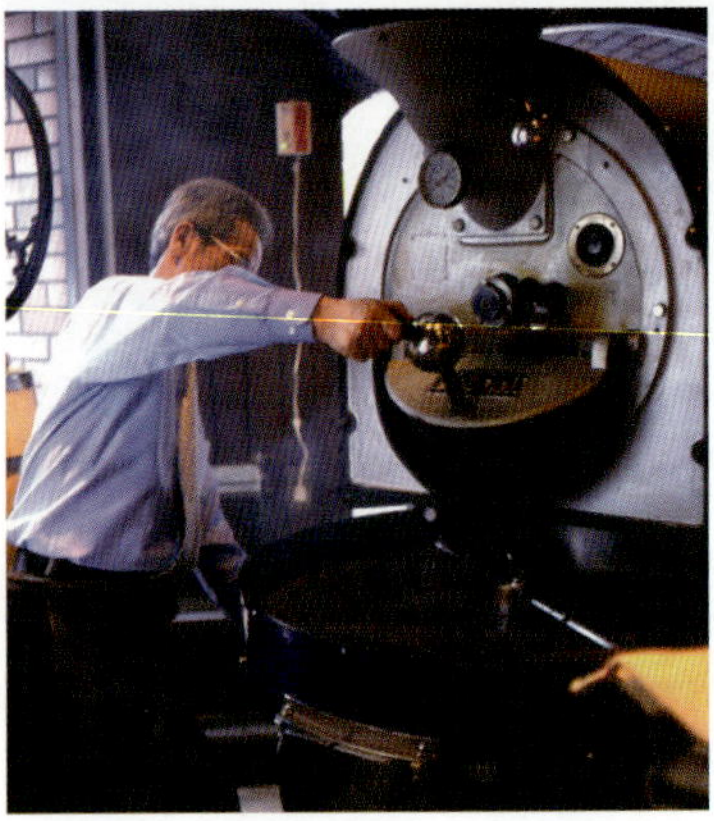

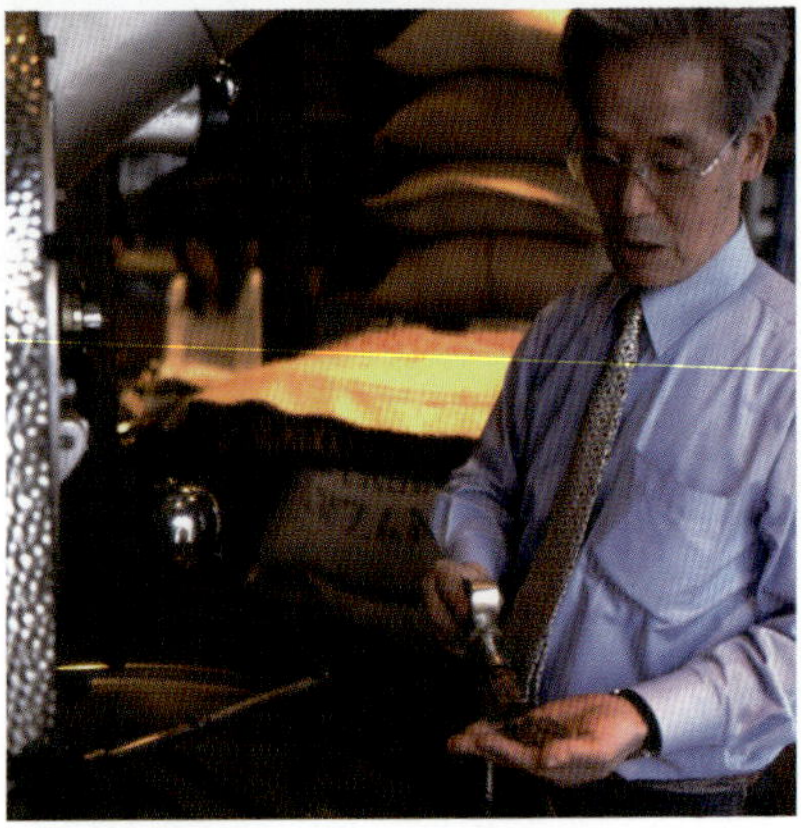

にしむら珈琲店

中山手本店	神戸市中央区中山手通 1 丁目 26-3
北野坂店	神戸市中央区山本通 2 丁目 1-20
三宮店	神戸市中央区琴緒町 5-3-5 グリーンシャポービル 1F
阪急前店	神戸市中央区北長狭通 1-2-2 三宮エビスビル 1F、B1
元町店	神戸市中央区元町通 2 丁目 6-3
ハーバーランド店	神戸市中央区東川崎町 1 丁目 7-8 SOUTHMALL 1F-13
御影店	神戸市東灘区御影 2-9-8
芦屋店	芦屋市精道町 6 - 15
甲子園店	西宮市甲子園高潮町 3-3 イオン甲子園店 2F
尼崎店	兵庫県尼崎市潮江 1 丁目 3 番 1 号 キューズモール 2F
梅田店	大阪市北区曽根崎 2-15-20 スイングうめだ 1 F

セセシオン

神戸市東灘区御影 2 丁目 8-7

ブロートバール セセシオン

神戸市東灘区御影郡家 1-25-12 グレイス御影 B1F

但馬牛 石焼ステーキ みかげ館

神戸市東灘区御影 2-9-8

にしむら珈琲店創業者・川瀬喜代子（1919 年〜 2009 年）
撮影：大川裕弘（1986 年、婦人画報掲載）

絵のフレーム、暖炉の上の紋章、小テーブルは川瀬の手彫り
チューリップの花はエッグアート

２人の孫娘へ嫁入り道具として贈った手彫りのドレッサー

著者プロフィール

日野嗣士　Tsugushi Hino

1961年生まれ。ライター、エディター、プランナー、デザイナーとして、健康、美術、動物、料理、旅行など、幅広いジャンルの出版に携わる。とくにハートウォーミングな企画・取材・執筆・編集を得意とする。

取材協力：藤岡智子

神戸っ子の応接間
川瀬喜代子と神戸にしむら珈琲店

2017年1月20日　第1刷発行

著　者　日野　嗣士

発行人　越智　俊一

発　行　アートヴィレッジ

〒657-0846　神戸市灘区岩屋北町3-3-18　六甲ビル4F
TEL 078-806-7230　FAX 078-806-7231
《受注センター》
TEL 078-882-9305　FAX 078-801-0006
http://art-v.jp

落丁本・乱丁本は本社でお取り替えいたします。
本書の無断複写は著作権法上での例外を除き禁じられています。
購入者以外の第三者による本書のいかなる電子複製も一切認められていません。
©Tsugushi Hino 2017, Printed in Japan.
定価はカバーに表示してあります。